ROLAND GIRTLER

WILDERER-KOCHBUCH

MIT REZEPTEN VON
EVA BODINGBAUER

ES FREUT MICH, DASS DAS WILDERERKOCHBUCH, DAS ICH MIT DER KLUGEN UND GEWITZTEN FRAU EVA BODINGBAUER HERAUSGEBRACHT HABE, NUN WIEDER AUFGELEGT WIRD. DAFÜR SEI MEINEM FREUND DEM VERLEGER DR. WILLHELM HOPF HERZLICH GEDANKT. AUF DIE IDEE, DIESES WOHL EINMALIGE KOCHBUCH WIEDER AUFZULEGEN, KAMEN WIR, ALS WIR BEIDE AUF EINEM FORSTWEG, DEN RADFAHRER BENUTZEN DÜRFEN, DURCH DEN WIENERWALD BEIM KAHLENBERG RADELTEN. DABEI BEGEGNETE UNS EIN WILDSCHWEIN, WILDSCHWEINEN DÜRFTE ES AM KAHLENBERG GEFALLEN, DENN IMMER WIEDER TAUCHT BEI MEINEN RADTOUREN PLÖTZLICH SO EIN TIER VOR MIR AUF. BIS IN DAS 17. JAHRHUNDERT HIESS DER KAHLENBERG WEGEN DER WILDSCHWEINE ÜBRIGENS „SAUBERG". DIESES FREUNDLICHE WILDSCHWEIN, DAS, ALS ES UNSERER ANSICHTIG WURDE, DIE FLUCHT ERGRIFF, ERINNERTE UNS DARAN, AUCH EIN WILDSCHWEINGULASCH VORGESTELLT WIRD. IM TEXT DAZU HALTE ICH FEST, DASS DAS WILDSCHWEIN AUCH DAS WAPPENTIER DES KLOSTERS KREMSMÜNSTER IST, WELCHES HISTORISCH FÜR DIE BAJUWARISCHE LANDNAHME ÖSTERREICHS HÖCHST BEDEUTSAM IST. TYPISCH FÜR DIESES KOCHBUCH IST, DASS ES MIT GESCHICHTE UND GESCHICHTEN VERBUNDEN IST. ICH HOFFE, DASS DAS WILDERERKOCHBUCH WEITERHIN SEINE LESERINNEN UND LESER ERFREUT.

ROLAND GIRTLER

Roland Girtler

Wilderer-Kochbuch

Mit Rezepten von
Eva Bodingbauer

LIT

Umschlagbild: Franz von Defregger, *Wilderer in der Sennhütte* (1876)

∞

Gedruckt auf alterungsbeständigem Werkdruckpapier entsprechend
ANSI Z3948 DIN ISO 9706

Bibliografische Information der Deutschen Nationalbibliothek
Die Deutsche Nationalbibliothek verzeichnet diese Publikation in der Deutschen Nationalbibliografie; detaillierte bibliografische Daten sind im Internet über http://dnb.d-nb.de abrufbar.

ISBN 978-3-643-14112-5 (br.)
ISBN 978-3-643-34112-9 (PDF)

Garnisongasse 1/19
A-1090 Wien
Tel. +43 (0) 1-409 56 61 Fax +43 (0) 1-409 56 97
E-Mail: wien@lit-verlag.at http://www.lit-verlag.at

Auslieferung:

Deutschland: LIT Verlag, Fresnostr. 2, D-48159 Münster
Tel. +49 (0) 2 51-620 32 22, E-Mail: vertrieb@lit-verlag.de

E-Books sind erhältlich unter www.litwebshop.de

Inhalt

Im Wilderergasthaus

An einem verregneten Tag saß ich, Roland Girtler, eher missmutig, denn ich war mit meinem Fahrrad unterwegs, im Gasthaus Steyrbrücke in St. Pankraz auf dem Weg nach Hinterstoder und trank ein vom Wirt Willi Kerbl selbst eingeschenktes Wildererbier.

Diesem Gasthaus ist das berühmte Wilderermuseum angeschlossen und daher bezeichne ich es auch als „Wilderergasthaus". Schließlich steht in der kleinen Wiese davor ein Marterl zum Gedenken an die alten ehrbaren Wilderer, aber auch an die Jäger, die ihr Leben in den Bergen gelassen haben. Es gibt in diesem freundlichen Gasthaus sogar einen Stammtisch, über dem an der Wand in schönen alten Buchstaben steht: „Girtlers Wilderer-Stammtisch".

Dieser Stammtisch wurde mir vom Wirt Willi Kerbl und vom Malermeister Herrn Aigner, der gerade dabei war, die Gaststube kunstvoll auszumalen, aus einer freundlichen Laune heraus gewidmet. Die beiden Herren meinten wohl, es wäre eine gute Idee von mir gewesen, mich von der Wissenschaft her mit den Wildschützen zu beschäftigen. Ob dieses Stammtisches bin ich hoch geehrt und dankbar.

Ich saß also in dieser gastlichen Stätte, in der die Einrichtung und allerhand Gegenstände an den Wänden an die Geschichte der Wildschützen erinnern.

Da betrat Eva Bodingbauer das Gasthaus, eine Dame mit dem klassischen Charme süditalienischer Brigantinnen und den feurigen Augen jener Sennerinnen, die ich in meiner Jugend auf den Almmatten des Toten Gebirges hin zur Steiermark noch kennen lernen durfte.

Sie setzte sich zu mir. Wir sprachen über die ehrbaren Wildschützen und auch über die Sennerinnen. Wir freuten uns, dass

Roland Girtler mit
Schiweltmeister Hannes Trinkl

Eva Bodingbauer

das Wilderermuseum – an dem wir beide mitgearbeitet hatten – floriert. Von Eva stammen viele prächtige Ideen zur Einrichtung dieses Museums. Als uns der gütige Wirt eine Wildererpfanne kredenzte – ich bin zwar Vegetarier, esse jedoch manchmal ein kleines Stück Fleisch, aber nur gewildertes – und wir zulangten, kamen wir auf die Idee, ein Kochbuch mit Speisen herauszugeben, die früher ehrbare Wildschützen, Sennerinnen, ihre Kumpane und Gäste gestärkt und ergötzt haben mögen und heute jene Leute erfreuen sollen, in deren Herzen noch edelmütiges Rebellenblut fließt. Gemeinsam würden wir die Sache angehen. Eva Bodingbauer würde sich um die Rezepte kümmern, und ich würde kulturelle und historische Überlegungen einbringen.

Beide haben wir von unseren Biografien her Beziehungen zu Wildschützen. Eva Bodingbauer wurde als Mollnerin geradezu hineingeboren in eine Welt, zu der Wildschützen gehörten, welche – wie ich unten zeigen werde – Taten vollbracht hatten, über die man heute noch spricht. Einige Wildschützen dürften sich auch unter ihren Vorfahren befunden haben. Eva Bodingbauer hat übrigens im Rahmen des Festivals der Regionen ein wild bewegtes Theaterstück über das Wildschützendrama in Molln mit den Mitgliedern des Theaters Kirchdorf inszeniert.

Ich, Roland Girtler, wurde zwar 1941 in Wien geboren, wuchs aber als Kind einer verwegenen Landärztin und eines weitum beliebten Landarztes in Spital am Pyhrn auf. Als junger Bursch, in den Fünfzigerjahren, erzählte mir meine Mutter öfter von Bauernsöhnen, Bauernknechten und Holzarbeitern, die sich den Gamsbart selbst „gebrockt" hätten, was bedeutete, dass sie den dazugehörigen Gamsbock als Wilderer erlegt hatten. Auch ich habe etwas rebellisches Blut geerbt, und zwar von meiner Urgroßmutter, einer geborenen Heyraud-Cartier. Sie war eine Bretonin, deren Großvater ein hoher Offizier unter Napoleon war, der den Afrikafeldzug Napoleons mitgemacht und wegen Damengeschichten einige Duelle ausgefochten hat. Weil er einem Feldmarschall eine Ohrfeige gab, der eine Dame als „halbseidene" bezeichnet hat, flog er aus der Armee. Und ein anderer Vorfahre von ihr – und somit auch von mir – war ein kühner Seefahrer, nämlich Jaques Cartier, ein mutiger Mann, der Kanada im Namen des französischen Königs in Besitz genommen hat. Dieser Jacques Cartier erwiderte, als ihn der französische König fragte, ob er Angst habe, Folgendes, das auch abgewandelt für Wilderer gilt: „Die Angst ist immer am größten, bevor man anfängt. Sind die Segel gehisst, verschwinden die Ängste."

Genauso ist es beim Wildern, ist man einmal in den Felsen hinter der Gams her, ist auch die Angst weg.

Wegen dieser kühnen Vorfahren habe ich mein Wildererbuch auch meiner Urgroßmutter gewidmet. Erfreut darüber ist meine ebenso beherzte Cousine Viktoria Kickinger, die dieselben Wurzeln hat und eine leidenschaftliche Jägerin ist mit Sympathien für die alten Wildschützen.

Die alte Geschichte der Wildschützen – der Rebellen der Berge

Bei den Wildschützen haben wir es mit uraltem Rebellentum zu tun, das schon Peter Rosegger faszinierte, der die Wildschützen im Gebirge als wahre Freiherren bezeichnete. Sie waren echte Rebellen, also keine Revolutionäre in dem Sinne, dass sie großartige gesellschaftliche Ideologien von sich gaben. Sie wollten nur ihr Recht, nämlich in den Wäldern zu jagen, in deren Nähe sie lebten.

Die Wilderer haben eine tausend Jahre alte Geschichte – eine Geschichte der Not und des Aufbegehrens gegen den Adel, der den Bauern sogar verbieten wollte, den Wald zu betreten. Die Wildschützen waren die „Helden der kleinen Leute" und genossen als Rebellen – ähnlich wie Robin Hood in England, auch er war ein Wildschütz – hohes Ansehen.

Die Gestalt des Wildschützen, der viel zur bäuerlichen Ernährung beitrug, verkörperte für die Gebirgsbewohner eine Heldenfigur, die bis in die jüngste Zeit mystifiziert und romantisiert wurde und wird. Nach altem germanischen Recht durfte jeder freie Bauer in den Wäldern jagen. Aber bereits um 1000 n. Chr. geriet er zunehmend in Abhängigkeit vom Adel, der alleine für sich das Recht der Jagd in Anspruch nahm. Die Jagd wurde zu einer stolzen Angelegenheit des Königs und der Aristokratie, bis in das 19. Jahrhundert hinein. Dem Bauer war es verboten, zu jagen. Bauern, die unter dem Wildschaden zu leiden hatten und als Wilderer erwischt wurden, wurden schwerst bestraft. Besonders verhasst bei den Bauern war Kaiser Maximilian. Es kam auch wegen der Jagd zu den großen Bauernaufständen: 1525 in Tirol und vor allem in Schwaben, 1626 in Oberösterreich unter dem edlen Bauernführer Stefan Fadinger. Diese Aufstände wurden mit aller Gewalt von Kaiser und Aristokratie niedergeschlagen. Erst 1848 erhielt der Bauer das Jagdrecht, doch die Armut der Bauern gerade im Gebirge blieb. Aristokraten und reiche Bürger kauften Bauerngüter und Almen von in Not geratenen Bauern wegen der Jagd auf. Ganze Gegenden zum Beispiel in Oberösterreich und in der Steiermark gingen so in das Eigentum unter anderem von früheren deutschen Adeligen über.

Peter Rosegger hat in seinem Buch „Jakob der Letzte" gut aufgezeigt, wie der Bauer Jakob, der seinen Hof nicht verlassen will, schließlich zum Wildschützen wird, der den in seinem Feld äsenden Hirsch erlegt. Der Ausgang des Buches ist traurig. Viele Bauern wandern nach den USA aus. Peter Rosegger dichtete wohl darum sein berührendes Lied „Ein Freund ging nach Amerika".

Wildschützen, die dem feinen Jagdherrn die Gams oder den Hirsch wegschossen, wurden von den „kleinen Leuten" als Rebellen gesehen und in Liedern gefeiert, ebenso wie die Sennerin, die dem Wildschütz Unterkunft gewährte (siehe dazu näher Girtler 1999).

Im Gebirge blieb das Leben der kleinen Bauern, wie es auch Peter Rosegger schildert, und auch das der Arbeiter weiterhin ein oft karges.

Wilderer als Lieferanten von Wildbret für die Küche der Armen

Bei einem Vortrag in Wels anlässlich eines Festes des Nationalparks Kalkalpen im Juni 2004 hielt ich in einem Zelt einen Vortrag über die alten Wildschützen und erzählte auch über unser Wilderer-Kochbuch.

Nach dem Vortrag kam ein freundlicher Herr zu mir und stellte sich als früherer Küchenchef eines oberösterreichisches Gefängnisses vor. Dann erzählte er mir etwas, das gut zu diesem Buch passt, nämlich dass unter allen Gefangenen, die ihm in der Gefängnisküche bei der Essenszubereitung halfen, die eingesperrten Holzknechte und Wilderer die Kunst des Kochens weitaus am besten verstanden. Mir ist dies klar, denn Holzknechte und Wilderer haben gelernt, aus wenigen Bestandteilen, wie etwa aus Mehl, Eiern, Wasser und Erdäpfeln, Genießbares herzustellen, aber sie konnten auch aus dem gewilderten Stück Fleisch in Kürze am offenen Feuer einen saftigen Braten herstellen.

Fleisch gab es nicht viel in den Bauernhütten und Arbeiterquartieren. Man aß bescheiden einfache Speisen wie zum Beispiel Brotsuppe, Erdäpfelnudeln und Hasenöhrln. Und daher waren die armen Leute, nicht nur im Gebirge, froh, wenn hier und da ein gewildertes Stück Fleisch auf dem Küchentisch lag.

Gerade nach den letzten Kriegen, als das Gespenst des Hungers durch die Lande zog, waren es auch Arbeiter, die wilderten, um etwas Kräftiges auf dem Teller zu haben.

In dem folgenden Artikel aus „Linzer Volksblatt" vom 17. September 1925 sind es ein Kleinhäusler und Holzmeister, seine Ehefrau, ein Hilfsarbeiter und ein Hilfsarbeiterehepaar, die gemeinsam beim Wildern eines Hirschtieres beteiligt waren.

Es sei erwähnt, dass ich diese Geschichte einem freundlichen Herrn, der in Rosenau am Hengstpass aufwuchs und in dessen Adern echtes Wildererblut fließt, verdanke. Unter der Überschrift „Ein sozialdemokratischer Gemeinderat als Wilddieb" heißt es :

„Windischgarsten, 15. 9. 1925. – Dass die Lambergische Forstverwaltung in Windischgarsten sich in ihrem Reviere ‚Sozialisierungs'bestrebungen durch einen Vertreter der marxistischen Idee nicht bieten lässt, daran musste auch der Holzmeister, Hausbesitzer und sozialdemokratische Gemeindeausschuss Johann Weinberger in Rosenau glauben. Vermutlich im Februar 1923 wurde auf dem Pirtstein von Wilderern ein Hirschtier erlegt und man sprach damals schon die bestimmte Vermutung gegen einzelne in der Nähe des Pirtsteins befindlichen Bewohner aus, unter welchen sich auch Weinberger befand. Vermutlich kamen den Gendarmen von Windischgarsten Mitteilungen zu, laut welchen sich noch Teile des erwähnten Tieres im Hause des Weinberger befinden sollen. Die hierauf vorgenommene Hausdurchsuchung förderte zutage, dass das Tier zur Gänze in die Behausung des Weinberger gebracht wurde und zum Transporte von der Schussstelle zum Hause der Hilfsarbeiter Götzendorfer, die Eheleute Johann und Karoline Weinberger und die Hilfsarbeiterseheleute Franz und Amalia Berger behilflich gewesen sind. Der vorerwähnte Wildtransport wird jetzt ein gerichtliches Nachspiel haben."

Wie die Gerichtsverhandlung endete, weiß ich nicht. Klar ist wohl, dass es durch Armut gepeinigte Arbeiter waren, die als Wilderer sich betätigten.

Auch unter den Arbeitern in der Saline und im Sodawerk von Ebensee am Traunsee gab es nach dem letzten Krieg einige kühne Wildschützen. Darüber erzählte mir Frau Gertrud Voh, die in Ebensee aufwuchs. Sie könne sich an einen Arbeiter erinnern, der in ihrer Nachbarschaft in einem Arbeiterwohnhaus mit Frau und Kindern wohnte und um 1950 häufig als Wildschütz unterwegs war. Wenn er in den Felsen pirschte, schaute ihm seine Frau vom Küchenfenster aus mit einem Feldstecher bei der verbotenen Jagd zu – in der Hoffnung auf einen guten Schuss auf eine Gams. Sah sie ihn mit einem vollen Binkerl, also mit einem vollen Rucksack, nach Hause kommen, so machte sie alles auf dem Herd für einen Gamsbraten bereit.

Unter den Arbeitern von Ebensee dürfte es viele Wilderer gegeben haben. Sie waren geradezu berühmt dafür. Es existiert ein interessantes Bild von einem Faschingsumzug in Ebensee aus der Zeit um ungefähr 1920, auch dieses habe ich von der gütigen Frau Voh. Auf diesem Bild sind junge fesche Burschen zu sehen, die stolz ein Schild vor sich haben, auf dem das Wort „Wildschützen" prangt.

Ebenseer Wilderer

Ich sprach auch mit einem Wildschützen aus der Gegend um Trieben, einem einfachen Arbeiter, Viktor hieß er. Er erzählte mir, er habe nach dem letzten Krieg in den Jagdgebieten des Stiftes Admont gewildert und sei damals sehr beliebt bei den Sennerinnen gewesen, die er alle mit gutem Wildfleisch versorgt habe. Man nannte ihn daher „Ernährungsminister". Ans Heiraten dachte er nie, da er als Wildschütz von den Damen sehr umschwärmt war.

Wie wichtig seine Tätigkeit für die Gesundheit einzelner Menschen war, habe sich unter anderem darin gezeigt, dass seine Schwester, die eifrig das gewilderte Fleisch ihres Bruders aß, wie „Milch und Blut" ausgesehen habe. Dies sei sogar einem Gendarmen aufgefallen, denn die anderen Kinder im Dorf machten einen eher mageren Eindruck. Der Gendarm verdächtigte Viktor deswegen des Wilderns, aber er konnte ihm nichts nachweisen. Wildschützen gehörten also in Zeiten der Not zur Kultur der Armut im Gebirge.

Wir widmen daher dieses Buch
jenen kühnen Sennerinnen und verwegenen Burschen.
Zu ihnen zählen Kleinbauern, deren Söhne, Knechte,
Holzknechte und einfache Arbeiter. Sie hatten durch die
Jahrhunderte gegen die vornehmen Jagdherren zu kämpfen und
trugen dazu bei, dass der Speisezettel der Bauern bisweilen um
einen guten Braten bereichert wurde.

Kochen und Kochrezepte – Einblicke in Kulturen

Mit den Worten Kochen, Köchin und Koch ist eine noble Kultur verbunden, die bis in die Antike zurückreicht. Kochen hat mit Leib und Seele zu tun, mit leiblichem und seelischem Wohlbefinden. Und Kochen deutet auf eine bunte Sinnlichkeit hin.

Die Bezeichnung „Koch“ leitet sich vom lateinischen Wort „coquus“ ab. „Coquere“ heißt auf Lateinisch demnach „kochen“. Aus „coquere“ wird im Althochdeutschen „kochon“ und im Mittelhochdeutschen schlussendlich „kochen“. Bei den alten Germanen fehlte ein Wort für „kochen“. Koch und Kochen sind also Lehnwörter aus dem Lateinischen. Der Ausdruck „Koch“ wurde spätestens im 4. Jahrhundert etwa gleichzeitig mit Kohl, Kümmel, Küche, Minze und Pfeffer aus dem Lateinischen entlehnt (vgl. dazu Kluge, 1960). Und Küche kommt vom lateinischen Wort „coquina“, im Vulgärlateinischen sprach man von „cocina“. Daraus entwickelte sich das englische „kitchen“ und das deutsche „Küche“, aus der schließlich bei uns die „Kuchl“ wurde. Wenn die Bäuerin ihre Küche betritt, so ist sie sich wahrscheinlich nicht bewusst, dass dieses selbstverständliche Wort „Küche“ eine lange Sprachgeschichte hat, die über die Alpen reicht, und vielleicht durch einen fahrenden Koch oder eine fahrende Kochkünstlerin aus dem römischen Weltreich hierher in die Berge gebracht worden ist.

Schließlich hat das Wort Küche zumindest eine doppelte Bedeutung, denn es verweist nicht nur auf den Ort, in dem gekocht wird, sondern auch auf einen bestimmten Kochstil wie die „böhmische“ oder eben die „bäuerliche Küche“, mit der wir uns hier vorrangig beschäftigen. Die „bäuerliche Küche“, wie alle anderen Küchen auch, ist nichts Einheitliches, sondern sie hat Geschichte, und zwar eine alte, die auf die Römer, auf die Germanen zurückgeht und sogar über den Ozean reicht, wie wir sehen werden. Der Kümmel erinnert an die römische Gartenkultur, der Safran an die arabische und unser Erdapfel an die Äcker der Inkas in den Anden. Jedenfalls hat Kochen – bereits bei den Römern – etwas mit Kochkunst zu tun.

Und Kochkünstlerinnen ihrer Art waren die Bäuerinnen und Sennerinnen. An sie sei hier in Hochachtung gedacht. Kochen konnten aber auch die Holzknechte, sogar oft ganz gut, wie ich seit meiner Jugend weiß, als ich ihren Mehlschmarren oder ihre Holzknechtnocken aß.

Übrigens: Ein wichtiges Wort, das notwendig mit dem Kochen verknüpft ist, ist das Wort „gar“, denn ein Gericht ist „gar“, wenn es fertig gekocht ist, zum Beispiel die Suppe, oder gebraten ist, zum Beispiel ein Stück der Gams. Es ist nun „bereit“ zum Essen. Und genau diese Bedeutung hatte das althochdeutsche „garo“, nämlich „bereit“, „gerüstet“. Man kennt „gar“ auch in der Bedeutung „aufgebraucht“, „aufgezehrt“. Demnach kann ein Gericht zweimal „gegart“ werden. Einmal, wenn es bereit zum Essen ist, und dann, wenn es (ganz) gegessen ist. In diesem Fall pendelt „gar“ zwischen vollkommener Existenz und vollkommener Nichtexistenz hin und her. Dies zu wissen ist wohl nicht uninteressant für jeden, der sich für Kochen und das Produkt, das daraus entsteht und wieder verschwindet, interessiert.

Kochrezepte geben kulturwissenschaftlich wertvolle Auskünfte über Kulturen aller Art, so auch über die der alten Bauern. Die

Speisen und vor allem das gemeinsame Essen sagen sehr viel aus über Reichtum und Armut, über die Bedeutung der einzelnen Nahrungsmittel, aber auch über Handelsbeziehungen und Wanderungen. So gelangte die Idee des Wiener Schnitzels aus dem byzantinischen Raum über Spanien nach Italien, wo es in Mailand von österreichischen Soldaten um 1850 übernommen wurde. Und der in Österreich beliebte Krapfen geht vielleicht sogar auf die Goten, die um 500 in Italien eindrangen, zurück, denn das Wort „Krapfen" ist gotischen Ursprungs.

Sogar die einfache Suppe hat ihre Geschichte. Sie wird als die Mutter der Kochkunst bezeichnet, denn von ihr sind alle Saucen, Eintöpfe, Brühen, Breie und vieles andere abgeleitet. Das alte mittelhochdeutsche Wort „supen" bezeichnet „saufen, saugen, schlürfen" und kommt als Hauptwort in allen europäischen Sprachen vor. Auch die romanischen Sprachen haben es aus den germanischen Sprachen entlehnt: „sopa" im Spanischen, Portugiesischen und Provenzalischen, „soupe" im Französischen und „zuppa" in Italien.

Kochen hat viel – dies will mit diesen kurzen Hinweisen angedeutet sein – mit Kultur und Kulturgeschichte zu tun.

Ebenso haben die folgenden Rezepte, wie sie von Eva Bodingbauer vorgeführt werden, ihre Geschichte und ihre Kultur. Über diese werde ich einiges erzählen.

Das gemeinsame Essen und Zechen

Die Sitzordnung beim gemeinsamen Essen sagt meist viel über den sozialen Stand von Menschen aus, auch über deren Macht oder Ohnmacht. So war es auf den alten Bauernhöfen üblich, dass Knechte und Mägde nach ihrem Rang um den Tisch saßen und in die gemeinsame Schüssel langten und aufhörten (siehe dazu auch bei den „Leberknödeln"). Ähnlich ging es am Kaiserhof zu. Der Kaiser begann und beendete das Essen. Legte er beim gemeinsamen Mahl mit Generälen, Diplomaten, Hofbeamten und anderen feinen Leuten seine Gabel oder seinen Löffel hin, um zu demonstrieren, dass er nun genug habe, so war es auch für alle anderen vorbei mit dem Speisen.

Wie wichtig bereits den Menschen der Antike das gemeinsame Essen und Trinken war, zeigt sich zum Beispiel in den Wörtern „Symposion" und „Kumpan". „Symposion", ein Wort aus dem Altgriechischen, heißt nichts anderes als „gemeinsam trinken" bzw. das „Trinkgelage", und im „Kumpan" stecken die Wörter „cum" für „mit" und „panis" für „Brot". Der Kumpan ist also jemand, mit dem ich gemeinsam Brot esse.

Die Wahl der Speisen bei den Mahlzeiten und der Umgang bei Tisch sowie die Räumlichkeiten, in denen diese serviert und eingenommen werden, sind Hinweise auf die Bedeutung des Mahles, die Rangordnung der Teilnehmer und überhaupt auf Besonderheiten des jeweiligen gemeinsamen Essens und Zechens.

So wird ein Hochzeitsmahl bei den Bauern wohl in einem eigenen festlichen Saal eines Wirtshauses abgehalten werden. Ich weiß von einer Hochzeit eines Windischgarstner Wildschützen mit der Schwester eines Kumpans in den Zwanzigerjahren, die dieser mit großem Aufwand im Gasthaus Schaffermühle feierte, wobei man sich über die Jäger belustigte. Über diese Hochzeit werde ich unter „noble Menüs" noch etwas erzählen.

Beim Weihnachts- oder Osterfest genügte wohl der säuberlich gedeckte Tisch der Bauernstube, und im Alltag der Bauern aß man am selben Tisch, nur das Tischtuch war gröber, ein rupfenes. Aber ein Tischtuch war notwendig, denn in dieses wischte man nach dem Essen den Löffel.

Um den Tisch saß das Gesinde meist ohne Bauersleute, denn bei den größeren Bauern aßen Bäuerin und Bauer oft alleine in einem eigenen Stüberl. Für das alltägliche Essen der Bauern reichte meist ein Löffel und vielleicht auch ein Messer, wenn es Fleisch gab. Aber das gab es ohnehin nur selten. Bei den Mittagessen am Sonntag deckte man sorgfältiger auf, auch Teller kamen auf den Tisch, und man legte eine Gabel zum Messer, denn an diesem heiligen Tag der Woche reichte die Bäuerin den Dienstleuten auch gebratenes Fleisch.

Beim noblen Essen bei großen Festen, wie sie in Gasthäusern stattfanden, wurde auch nobel aufgedeckt.

Zum Jausnen, wenn Speck oder Wurst und Brot verzehrt wurden, genügte ein Messer, entweder ein Stilett, ein festes Messer, wie es auch junge Wildschützen trugen, oder ein gewöhnlicher Taschenfeitel, ein aus Holz und Stahl bestehendes, zusammenklappbares Messer.

Zum Ritual des Speisens bei den Bauern gehörte das Beten vor dem Mittagessen. Auch wenn es viel Arbeit gab, zum Essen nahm man sich Zeit. Ebenso zum Jausnen am Feld. Dazu wurde meist ein kleines Fass mit Most mitgenommen, das man während der Feldarbeit in die Stauden legte, um es vor der zu üppigen Sonne zu schützen. Man genoss die kurzen Momente des Freiseins von körperlicher Arbeit. Das bäuerliche Speisen unterschied sich somit angenehm von der modernen amerikanischen Idee des Fast Food.

Der Tag begann mit dem Frühstück, so um 6 Uhr in der Früh. Im Sommer hatte man um diese Zeit bereits eine Stunde gearbeitet. Zum Frühstück gab es meist eine Brot- oder eine Schotsuppe. Die Schotsuppe, zu der man schief heruntergeschnittene Brotstücke aß oder darin einbrockte, war eine Art Rahmsuppe mit Topfen.

Dann ging es zur Arbeit, die um ungefähr halb zehn Uhr unterbrochen wurde. Nun jausneten Knechte und Mägde. Sie ließen sich mit Vorliebe Brot mit Butter und Topfen schmecken. Die Knechte tranken dazu meist einen halben Liter Most, die Mägde einen gewasserten. Oder ein Krug mit Most machte die Runde.

Erwin Degelsegger, über den ich noch erzählen werde, trank zur Jause sogar regelmäßig einen Liter Most. Zum Mittagessen, vor und nach dem gebetet wurde, gab es jeden Tag zuerst Kraut, dann während der Woche meist Knödel. Hier und da auch Fleischknödel, bei denen – wie mir ein ehemaliger Holzarbeiter erzählte – „ein Fleischstückl das andere nicht daschreien" konnte, denn so weit waren sie auseinander. Nur an besonderen Tagen gab es Braten oder Selchfleisch. Zum Abendessen, das auch gemeinsam eingenommen wurde, genoss man Schotsuppe und dazu Brot.

Viel wurde an den Festtagen zu Mittag gegessen. Nach dem üblichen Kraut langte man zuerst bei gesottenem Fleisch zu, dann beim Braten, und als Abschluss gab es ein Mehlkoch mit Weinbeeren. Manche der Dienstboten, die ansonsten nur wenig zu essen hatten, sollen bei diesen Festessen derart übertrieben haben, dass sie nachher spien.

Beim Essen, auch am bäuerlichen Tisch, kommen Menschen zusammen. Hier wird gescherzt, hier werden Informationen ausgetauscht, und manche Damen werden sogar verführt.

Wirtshaus und Rebellion

An den Gasthaustischen wurden nicht selten rebellische Reden geführt und sogar Rebellionen ausgeheckt. In vergangenen Zeiten trafen sich die Wildschützen in den Wirtshäusern der Gebirgsdörfer, um Informationen auszutauschen, sich gegenseitig zum Wildern zu animieren, mit ihren Geschichten zu prahlen oder auch – wie bei den Mollner Wildschützen, über die ich noch erzählen werde – um die Befreiung ihrer Kumpanen zu feiern.

Gerade in Zeiten der Not verkauften die Wildschützen dem Wirt gerne das erlegte Wild, das Reh oder die Gams. So wurde mir erzählt, dass es in der Zeit nach dem letzten Krieg des Öfteren in einem bestimmten Gasthaus in Windischgarsten – dessen Namen ich nicht nennen will – „Gamsschweinernes“ gegeben hätte, also einen Gamsbraten, den man offiziell als Schweinebraten deklarierte.

Die Bauern schimpften über ihre Unterdrücker, während sie ihre Brotsuppe aßen, und ihre Anführer waren Wirte oder deren Verwandte. So war der Tiroler Bauernführer Andreas Hofer Wirt, aber auch Stefan Fadinger, der kühne Oberösterreicher, dem wir hier einen Kuchen widmen, war mit einem Wirtshaus verbunden. Schließlich war sein Schwager ein Wirt, ein gewisser Christof Zeller, der 1626 die Bauern nördlich der Donau gegen den Adel anführte.

Aber auch im Kochen, nicht bloß im gemeinsamen Speisen, steckt Rebellisches und Aufrührerisches, denn gute Köche und Köchinnen schaffen mit ihren Rezepten und Speisen immer etwas Neues. Sie sind es auch, die Rebellen wie die Wildschützen überhaupt dazu anregen, etwas heimzubringen, das man für sich und die anderen kochen oder braten könne. In diesem Sinne verstehe ich die oben geschilderte Frau des Arbeiters aus Ebensee, die in der Nachkriegszeit vom Küchenfenster aus ihrem Mann, den sie um einen Gams- oder Rehbock ausgeschickt hatte, mit dem Feldstecher hoffnungsvoll beim Wildern zusah.

Aufrührerisches Blut hat auch Eva Bodingbauer – so wie ich sie kenne – in sich, denn ihre Sympathie haben die Helden der „kleinen Leute“, eben die Wildschützen und die Sennerinnen.

Gerade Letztere waren aufrührerische Köchinnen, zumal sie Wildschützen vor dem Jäger versteckten und ihnen Kräftiges auf dem offenen Feuer kochten. Aufrührerisch zeigt sich auch Eva Bodingbauer insofern, als sie eine große Gegnerin der Langeweile ist. Vor allem was das Kochen anbelangt. Das beweisen die Rezepte, die sie gesammelt hat.

Kochen und „Aufruhr"

von Eva Bodingbauer

Die armen Gerichte waren Kost meiner Kindheit. In die Zubereitung dieser Speisen bin ich gleichsam *im wahrsten Sinne des Wortes aufrührerisch* hineingewachsen. Hilfe suchende Fragen bei der Herstellung hat meine Mutter stets mit einem „Kost's halt!" beantwortet.

Eine ganz neue Sichtweise auf das Essen öffnete sich mir durch meine Kochlehrerin Maria Fuchslehner, die Vegetarierin war, was 1958 noch zu den Verrücktheiten zählte. In ihrem Unterricht kochten wir gebackenen Sellerie, aber auch lehrplanmäßig Rindsuppe – für sie war es Leichenwasser –, lernten den Herd gründlich putzen und nebenbei auch Tischsitten. Das Essen im Internat hat mich die Abgründe und Schattenseiten des Kochens kennen lernen lassen.

Meiner Schwiegermutter, einer Fleischhauerstochter, ausgebildet in einer Haushaltungsschule, verdanke ich einige bestgehütete Familienrezepte, die ich zu gegebener Zeit bekam. Das tägliche Kochen für meine vierköpfige Familie über eine lange Zeit hinweg hat meine Lust daran nicht umbringen können. Ich habe viele Moden mitgemacht, vom „Schnitzel Hawai" bis zum Brotbacken, und natürlich lese ich gerne Kochbücher, am liebsten lexikalische.

Heute bestimmen ein großer Gemüsegarten, ein kleiner Obstgarten, eine große Wiese und ein Hag mit Beerensträuchern meinen Küchenzettel. Viele Bauern in meiner Umgebung wirtschaften biologisch und ich bin ihnen dankbar für ihre qualitätsvollen Produkte. Und gäbe es da nicht die lobenden Esser – bei mir ist es vor allem die Familie –, das Herdfeuer wäre wohl längst erloschen.

Ich ziehe meinen uralten Bergsteigerhut

Eva Bodingbauer, dafür ist sie hoch zu loben, hat mit viel kulturwissenschaftlichem Esprit und in Erinnerung an die Kultur der Wildschützen und Sennerinnen die folgenden Rezepte geistreich und respektvoll gesammelt oder für gut befunden. Diesen Rezepten gestatte ich mir in aller Hochachtung vor der Kunst und dem Wissen dieser ehrenwerten Dame Erzählungen und Gedanken voranzustellen, die mit der Geschichte des Wilderns, mit der Herkunft einzelner Speisen und überhaupt mit der bäuerlichen Welt der alten Wildschützen zu tun haben.

Zunächst werden von unserer Kochkünstlerin sehr einfache Speisen, die typisch für die bäuerliche Kultur der Armut im Gebirge waren, zubereitet. Diesen lässt die Expertin noble Menüs folgen, wie sie bei Hochzeiten oder ähnlichen Festivitäten der Bauern und Wildschützen im Gebirge aufgetischt wurden.

Eva Bodingbauer hat sich die Mühe gemacht, einzelne Speisen zu kochen und daraus mit viel Charme, Witz und Einfühlungsvermögen für das alte Wildschützenleben Bilder zu komponieren, die in diesem Buch gezeigt werden. Dafür, dass diese Bilder kleine Kunstwerke werden konnten, ist auch dem edelmütigen Herrn Ewald Breitwieser zu danken, dessen fotografischer Blick Brillantes geleistet hat.

Ich ziehe vor der Koch- und sonstigen Künstlerin Frau Eva Bodingbauer, aber auch vor dem bravourösen Lichtbildner Herrn Ewald Breitwieser in Hochachtung meinen uralten Bergsteigerhut. Einen solchen trug ebenso mein Vater, der ein kühner und gütiger Landarzt im Gebirge war. Aber auch mein Großvater, der aus altem böhmischen Bauernadel stammt und Professor an der Deutschen Technischen Hochschule in Brünn war, schätzte einen ähnlichen Hut. Er war übrigens ein freundlicher Sonntagsjäger. Oft ging er in den Hochschulferien auf die Pirsch, vor allem im Ausseer Land und auch sonst im Toten Gebirge, und betrachtete gerne das Wild, obwohl er stets sein Gewehr bei sich führte. Ob er mit diesem geschossen hat, weiß ich nicht. Ich kann mich jedenfalls nicht erinnern, dass er tatsächlich eine Gams, einen Rehbock oder gar einen Hirsch getroffen hat.

Bei all unseren Speisen, die nun dargeboten werden, ist uns bewusst, dass wir es bei den alten Wildschützen mit Kindern der Armut zu tun haben. Als solche verfügten sie über Stärke, Tapferkeit, Schlauheit, Entschlossenheit und Treue, aber auch über bergsteigerisches Können. Und diese Mittel wussten sie, oft in Verbindung mit der Sennerin, einzusetzen, um den bäuerlichen Mittagstisch durch ein Wildbret zu schmücken.

Einfache Speisen im Wildschützenalltag

Falls es nicht ausdrücklich anders erwähnt ist,
sind die folgenden Rezepte für vier Personen berechnet

1. Erdäpfelnudeln

Zur Küche der Bauern im Gebirge, also auch der Wildschützen und der Sennerinnen, gehörten Erdäpfel. Erdäpfel sind schon seit dem 17. Jahrhundert – also nach den Wirren des Dreißigjährigen Krieges – ein Hauptnahrungsmittel der eher armen Leute in Europa. Sie schmecken wunderbar, sie sind gesund und geben Kraft. Das wussten nicht nur die Wildschützen, sondern schon die alten Indianer in den Anden. Daher bauten sie bereits in vorchristlicher Zeit in den Bergen bis in die Höhe von 4000 Metern Erdäpfel an.

Übrigens ist die österreichische Bezeichnung „Erdäpfel" um vieles schöner (zumindest für uns) als das übliche im Deutschen gebrauchte Wort „Kartoffel", das sich vom italienischen „tartuffulo", das heißt Trüffel, ableitet. Kartoffel heißt somit nichts anderes als „den Trüffeln ähnlich".

Der spanische Eroberer Pizzaro hat die Erdäpfel bei den Inkas kennen gelernt. Die Spanier waren es auch, die die Erdäpfel um 1550 nach Europa gebracht haben. Und über Barfußmönche gelangten sie um 1564 nach Italien. Und in der Folge eroberten sie Europa, nicht nur als Nutz-, sondern auch als Schmuckpflanzen. Erdäpfel werden in den Alpen fast bis in die Höhe von 1500 und 2000 Metern gepflanzt.

Den armen Bauern waren ihre Erdäpfeläcker wichtig. Ohne sie wäre ihr Leben ein noch kargeres gewesen. Brave Bäuerinnen wussten die Erdäpfel oft sehr schmackhaft zuzubereiten. Die jungen Burschen, die zu Wildschützen wurden, langten ordentlich zu. Ein Gamsfleisch wäre ihnen vielleicht lieber gewesen.

Erdäpfelnudeln

1 kg mehlige Erdäpfel
100 g grober Grieß
150 g Mehl
2 Eier
1 Kl Trockenhefe
Salz
etwas Muskatnuss
70 g Butter

Die Erdäpfel mit der Schale gut kochen, abseihen, schälen und noch warm durch die Presse drücken. Die Masse auf einem Brett fingerdick ausbreiten, würzen, den Grieß darüber verteilen, die Trockenhefe darüber streuen und auskühlen lassen. Dann mit Mehl und Eiern rasch zu einem Teig zusammenkneten und gleich weiterverarbeiten. Den Teig in Stücke teilen und aus ihnen daumenstarke Rollen formen. Nudeln abschneiden und einzeln auf Fingerdicke ausrollen. In der zerlassenen Butter drehen und nebeneinander in eine flache Rein schichten. Bei 180–200 Grad backen, bis sie knusprig braun sind.

Mit Kalorien angereicherte Variante:
Wenn die Nudeln an der Oberseite bereits hellbraun sind, gießt man vorsichtig eine Mischung aus 1/4 l Milch, 1/4 l Schlagobers, Salz und zwei zerdrückten Knoblauchzehen in die Rein und bäckt die Nudeln fertig. Mit Roten-Rüben-Salat oder Sauerkraut anrichten.

Tipp: Beim Hineinschichten der Nudeln ist es gut, wenn die Rein so steht, dass der Boden eine schiefe Ebene bildet. An der unteren Seite rinnt die geschmolzene Butter zusammen, hier können die Nudeln getunkt und dann an das obere Ende geschoben werden. So ist es möglich, alle Nudeln in 70 g Butter zu drehen.

2. *Bärlauchnocken*

Man erzählt sich, dass Bären nach ihrem Winterschlaf aus ihren Höhlen herauskriechen und sich als Erstes auf das frische Kraut stürzen, das den Namen Bärlauch trägt. Es ist allerdings nicht ganz klar, von wo diese frische Pflanze, die an Bächen und auf feuchten Waldböden zu finden ist, tatsächlich ihren Namen hat. Lateinisch heißt sie „Allium ursinum" und „ursus" heißt „der Bär". Bärlauch gehört zu den Lauchgewächsen und riecht etwas nach Schnittlauch und etwas nach Knoblauch. Seine Blätter werden im Frühjahr geerntet. Sie sind voll von Vitaminen, die gerade der Bär, ein schönes und starkes Tier, nach den langen Winternächten dringend benötigt. Bärlauch schmeckt gut, auch roh. Ich selbst habe mich bei meinen Wanderungen durch die Wälder oft an dieser Pflanze erfreut.

Auch der Wildschütz hatte seine Freude am Bärlauch, der nicht nur dem Bären Kraft verlieh, sondern auch ihm. Und diese Kraft brauchte der Wildschütz in früheren Zeiten, als die noblen Jagdherren in ihm jemanden sahen, der sie bei ihrem Jagdvergnügen stören wollte. Zur Jagd als einem Symbol höfischer Lebensart wollte man den Bauern nicht zulassen und bestrafte ihn daher grausam, wenn er als Wilderer ertappt wurde. Die Forderung der Bauern, jagen zu dürfen, wurde schließlich zu einem wesentlichen Grund für die Bauernkriege.

Die adeligen Jagdherren berührte es kaum, dass das Wild zu einer ständigen Bedrohung der bäuerlichen Felder geworden war.

Die Felder, über die die adeligen Jäger ritten, durften nicht durch Zäune geschützt werden. Und wenn Bauern Hunde einsetzten, die das Wild von ihren Äckern fern halten sollten, so kam es vor, dass man diese Hunde tötete oder ihnen einfach die Pfoten abschnitt. Die Erbitterung der Bauern war verständlich.

Da ihre Felder durch die aristokratische Jagd oft ruiniert wurden, blieb den Bauern nichts anderes übrig, als äußerst sparsam Mehl und altes Brot – heute würden sie Semmeln nehmen – zu verwenden. Dazu passten Kräuter aus den Wäldern und vom nahen Bach, wie eben Bärlauch, der an die Kühnheit und die Kraft von Bären, die es früher bei uns auch noch gab, erinnert haben mag.

Bärlauchnocken

Knödelbrot von 5 Semmeln
100 g Butter
1 Zwiebel
1 Bund Bärlauch
2 Eier
1/4 l Milch
Salz
etwa 2 El Mehl
reichlich Salzwasser zum Kochen der Nocken

Zwiebel in Butter glasig werden lassen, Bärlauch klein schneiden und kurz mitdünsten, mit dem Knödelbrot vermischen. Eier in der Milch versprudeln, salzen und über die Semmelwürfel gießen und gut vermengen. Stehen lassen, bis die Masse durchfeuchtet ist, das Mehl dazumischen und mit den befeuchteten Händen probeweise ein Nockerl kochen. Bei Bedarf entweder Brösel oder Milch zur Masse zugeben.

Die Nocken nur leicht wallend kochen, abseihen und mit brauner Butter und geriebenem Käse anrichten.

3. Erdäpfelschmarren

Von den Erdäpfeln haben wir schon gesprochen. Interessant ist das Wort „Schmarren", es kommt von „schmoren". Ein Schmarren ist ein typisches Essen, wie es Bäuerinnen, Holzknechte, aber auch Sennerinnen in einer Pfanne schnell herzustellen verstanden. Mit Schmarren bezeichnet man nicht nur eine gewisse Mehlspeise wie den berühmten „Kaiserschmarren", bei dem Milch, Mehl, Eier und Zucker in einer Pfanne „geschmort" werden, sondern eben auch ein Erdäpfelgericht, bei dem geschälte und in Scheiben geschnittene Erdäpfel in Schmalz geschmort bzw. geröstet werden. Die hungrigen Wildschützen langten dabei ordentlich zu.

Der Erdäpfelschmarren schmeckte den Bauern nach der Revolution von 1848 wohl besonders gut, als sie erfuhren, dass sie ab nun freie Bauern seien und das aristokratische Jagdprivileg abgeschafft sei.

Die kleinen Bauern im Gebirge sahen sich allerdings bald hereingelegt, denn sie waren unter einen ungeheuren finanziellen Druck geraten. Da sie dem alten Grundherrn einen Teil des Wertes ihres Bauerngutes zu ersetzen hatten, kam es zur Verschuldung und Versteigerung von Bauernwirtschaften. Adelige und Industrielle kauften diese auf. Alte Almgebiete wurden aufgeforstet und die Bauern wurden angehalten, bei noblen Jagden als Treiber zu dienen.

Mir wurde erzählt, dass in Spital am Pyhrn ein Graf Larisch die Jagd am Bosruck besaß, ein schlesischer Kohlenbaron. Jedes Jahr im August traf er mit großem Gefolge in dem Gebirgsort ein. Gerne jagte er in einem Kar des Bosrucks. Dort hinauf ließ er sich in einem transportierbaren Sessel von starken Spitaler Fleischhauer- und Bauernburschen tragen, die dies gerne taten, denn der Graf zahlte nicht schlecht. Im Kar nahm er Platz. Die Gämsen wurden nun durch die Treiber in das Kar getrieben. Der Herr Graf schoss drauflos. Langten die dem Grafen entwischten Gämsen am Ende des Kars an, so schoss er in die Felswände des Kars. Darauf machten die verschreckten Gämsen kehrt und liefen zurück, direkt vor die Büchse des noblen Jagdherrn. Wieder wurden welche erlegt. So ging es weiter. Von einem der Treiber, einem Bauernburschen, weiß ich, dass er dem Herrn Grafen nicht alle erlegten Gämsen abgeliefert, sondern ein oder zwei Stück zur Seite geschafft hat, die er dann später holte. Er erfreute dadurch seine Familie.

Man hielt die Bauern weiterhin von den Jagden fern. Junge Bauernburschen sahen sich also gerechtfertigt zu wildern. Kamen sie mit einer gewilderten Gams heim, waren alle am Hof dankbar. Zum Gamsbraten passte ein Erdäpfelschmarren wunderbar.

Erdäpfelschmarren

1 kg festkochende Erdäpfel
4 Zwiebeln
4 El Öl
70 g Butter
Salz
Kümmel

Die Erdäpfel in der Schale kochen, abseihen und erkalten lassen. (Das kann auch am Vortag geschehen.)

Die geschälten Erdäpfel blättrig schneiden. Zwiebeln ringelig schneiden und in der Mischung aus Öl und Butter glasig werden lassen. Wenn die Zwiebeln leicht zu bräunen beginnen, die geschnittenen Erdäpfel dazumischen, würzen und mit einer Schmarrenschaufel immer wieder so umschichten, dass möglichst viele braune Krusten entstehen.

4. Sauerkrautstrudel

Sauerkraut war früher ein wichtiges Nahrungsmittel der Bauern. Es hieß, das Kraut stopfe die größeren „Lucken". Das sind die Löcher im Bauch. Sauerkraut ist sehr gesund, da es voll von Vitamin C ist. Die Matrosen, die sich um 1775 mit James Cook in die Südsee aufmachten, bekamen im Gegensatz zu den Matrosen auf anderen Schiffen keinen Skorbut, weil sie deutsches Sauerkraut in Fässern mit sich führten.

Auch das Sauerkraut hat eine spannende Geschichte. Der mit einem Krauthobel in dünne Streifen geschnittene Weißkohl wird mit Salz, Wacholderbeeren, Kümmel und anderen Gewürzen in ein Fass gepresst. Ich selbst habe mir als Bub ein paar Eier bei unserer Nachbarin, der Frau Kolb, verdient, als ich das in ein Holzfass gegebene Kraut mit meinen nackten Füßen – ob ich sie gewaschen hatte, weiß ich nicht mehr – getreten habe, um es in das Fass zu pressen. Dann wurde es mit großen Krautblättern abgedeckt, mit Holzbrettern und Steinen beschwert. Zu guter Letzt kam ein Holzdeckel drauf, und das Kraut konnte gären, um zum Sauerkraut zu werden.

In den Klöstern des frühen Mittelalters wurde Weißkohl, wie Kraut auch heißt, dadurch konserviert, dass man Kohlköpfe in irdene oder hölzerne Gefäße einlegte, Salz darüber streute und Essig dazugab. Die Methode hatten die Mönche von den Römern übernommen, die bei diesem Kraut vom „compositum" sprachen. Daraus entwickelte sich im Althochdeutschen das Wort „kumpost". Diese Art der Konservierung des Krautes hat bei uns nur regional Verbreitung gefunden. Die Sauerkrautzubereitung, wie ich sie als Kind kennen gelernt habe und wie sie heute noch üblich ist, geht auf die alten Slawen zurück. Diese wiederum dürften sie vom Reitervolk der Tataren erlernt haben. Sauerkraut gab es bei den Bauern also das ganze Jahr. Auch die Sennerin, bei der der Wildschütz gerne zukehrte, hatte es in ihrer Vorratskammer in einem Holzfassl. In einem Lied wird erzählt, wie die Sennerin die Büchse des Wilderers in einem Fass gleich neben dem Sauerkrautfassl versteckt, damit sie die Jäger, die die Sennerin besuchen, nicht finden. In diesem Lied wird auch auf den Mut des Wildschützen angespielt:

„Bua, wannst a Gams willst schiaßa,
da muasst die aufitraun,
da muasst die guat anhaltn,
derfst nit obischaun.
Denn wann des Stutzerl knallt
und 's Gamserl obafallt,
da gibt's an Widerhall
durch Berg und Tal.
Drauf san die Jaga kema,
hobn 's ganze Haus durchgschaut,
sogar in Dachbodn aufi
und a ins Sauerkraut.
Oba ins Essigfassl,
da hoabn s' net einigschaut,
da liegt mei Stutzerl drin
und a a Haut."

In unseren Breiten war es also die Sennerin, die – wie Lieder und Geschichten zeigen – den Wildschützen auf der verbotenen Jagd vor den Jägern schützte, ihm ein freundliches Lager bot und sogar die Büchse versteckte. Sie wusste, was so ein Wildschütz braucht. Nicht bloß Sauerkraut …

So eine Sennerin stand dem Wildschützen, wenn er ihr innig geliebter Freund war, mutig zur Seite. In einem uralten Lied heißt es:

„Was braucht denn der Schütz?
Er braucht nix
als a schwarzaugats Madl
und a Abschrauberbüchs."

Empfehlenswert ist der Sauerkrautstrudel

Sauerkrautstrudel

Mehl auf ein Brett häufen, eine Grube machen, Öl hineingeben und mit dem Mehl vermischen. Erneut aufhäufen, wieder eine Grube machen und nun Wasser zugießen, vermengen und mit der Hand gut durchkneten. Auf dem bemehlten Brett mit einer lauwarmen Schüssel bedeckt etwa eine halbe Stunde rasten lassen. Den Teig dann nicht mehr kneten, sonst lässt er sich nicht mehr ausziehen.

Teig ausrollen und dann auf ein bemehltes Tuch legen und mit den Händen weiter ausziehen. Füllen, zusammenrollen und backen.

Strudelteig:
250 g glattes Mehl
1 El Öl
Salz
ca. 1/8 l lauwarmes Wasser

Speck kleinwürfelig schneiden und in Öl anbraten, ringelig geschnittene Zwiebeln dazugeben, glasig dünsten und überkühlen lassen. Die Mischung auf dem Strudelteig verteilen. Sauerkrautsaft abgießen und das Kraut zerzupfen und auf dem Teig so verteilen, dass ein handbreiter Streifen am Ende frei bleibt. Diesen Streifen mit Öl bestreichen. Den Teig an den Seitenrändern etwa fingerbreit einschlagen, mithilfe des Tuches den Strudel rollen, vorsichtig auf ein gefettetes Backblech gleiten lassen, mit Öl beträufeln und backen.

Fülle:
100 g Speck
200 g Zwiebeln
6 El Öl
800 g Sauerkraut
Öl zum Bestreichen des Strudels

Habt's
a Schneid?

5. Brotsuppe

Wie ich schon vorher festgehalten habe, hat die Suppe als solche eine lange Geschichte. Sie hat Urtugenden: Sie wartet, sie erneuert sich, sie wird bei jedem Aufkochen besser, sie kann sich wandeln. So auch die Suppen der Bauern, allerdings waren diese meist karg.

Wichtig war, dass man noch Brot hatte, das man in die Suppe geben konnte. Brot ist das wichtigste Nahrungsmittel des Bauern. Als übrigens mexikanische Bauern unter ihrem legendären Führer Emiliano Zapata um 1919 rebellierten, klagte dieser gegenüber dem Präsidenten, dass man den Bauern die Felder gestohlen hätte und man aus Steinen kein Brot backen könne. Das Brot hat also für den Bauern eine geradezu heilige Bedeutung, denn wenn man Brot hat, kann man überleben. Auch in Armut. Und Brotsuppen aßen die Bauern oft.

Brotsuppe

Dünne Schnitten aus altbackenem Brot werden im Rohr gebäht und in eine Schüssel geschichtet. Dann gießt man so viel heiße Rindsuppe darüber (früher war es das Kochwasser von Selchfleisch), dass sich das Brot voll saugen kann, und bedeckt alles reichlich mit braun gerösteten Zwiebeln.
Man kann die Brotsuppe auch mit gerösteten Speckwürfeln oder mit Spiegeleiern anrichten.

Hier ist die Mengenangabe schwierig, weil je nach Trockenheit des Brotes das Gewicht variiert. Als Abendessen für vier Personen reicht erfahrungsgemäß ein halber Brotlaib.

6. Jennerwein-Holzknechtnocken

Wildschützen waren meist auch Holzknechte. Die Holzarbeit war sehr schwer. Zur Zeit des Baumfällens im Sommer lebten die Holzknechte in den so genannten „Lafthütten“. Das sind Rindenhütten, in denen sie die Nacht verbrachten und in deren Mitte eine Feuerstelle war. Dort bereiteten sie ihre Holzknechtnocken zu. Gerne suchten die Holzknechte die Sennerinnen auf.

Ein Holzknecht, der als Wildschütz in Bayern und Tirol durch seinen Tod berühmt und zur Legende wurde, war der Georg oder Girgl Jennerwein. Von diesem Jennerwein handelt ein spannender Film, eine Art bayrischer Western, der im April 2004 im österreichischen Fernsehen lief. Mein Freund Erwin Degelsegger, ein alter Wildschütz, der den Film auch gesehen hatte, meinte, an dem Film habe ihn gestört, dass die Wildschützen im offenen Gelände auf die Pirsch gegangen seien. Die echten Wildschützen würden sich mehr verstecken.

Girgl Jennerwein liegt am Friedhof in Schliersee begraben. Ich war schon dreimal mit dem Fahrrad dort und verbrachte einige Minuten des Andenkens an seinem Grab. Als ich das letzte Mal dort war, steckte da ein Schild, auf dem stand: „Bitte kein Kult“. Aus dem Grab wächst eine Latsche, von der ich mir einen kleinen Zweig abriss, den ich als eine Art Reliquie in meiner Vitrine aufbewahre.

Jedes Jahr an Jennerweins Geburtstag soll eine gewilderte Gams auf dessen Grab liegen.

Georg Jennerwein wurde 1848 in Haid bei Holzkirchen als lediges Kind der Maria Jennerwein geboren. Er musste den Frankreichfeldzug 1870/71 mitmachen, zusammen mit seinem Freund, dem Unterschwaigbauern Markus Hofberger aus Westenhofen, der zugleich auch sein Hausherr war. Der „Jennerwein Girgl“, wie er allgemein genannt wurde, war Holzarbeiter in der Gegend rund

Bauernburschen am Grab von Georg Jennerwein

um den Schliersee. Er war ein guter Zitherspieler, Gstanzlsänger, Schuhplattler – und vor allem war er ein guter Schütze. Einige seiner Zeitgenossen bezeichneten ihn aber auch als Weiberhelden, Raufbold und Wirtshausbruder, der öfter auf dem Tanzboden anzutreffen war als bei einer geregelten Arbeit. Jeder wusste, dass Jennerwein ein Wildschütz war, aber beweisen konnte es ihm keiner. Die Mädchen sahen in ihm einen schneidigen und mutigen Burschen, der sich von niemandem unterdrücken ließ. Der Girgl hatte graue Augen und einen verwegen schief sitzenden Schneidezahn.

Seine bevorzugten Freundinnen waren die Kellnerin Rosl und die Sennerin Agathe von der Baumgarten-Alm, die auch die Mutter seiner Tochter Rosl wurde. Am 6. November 1877, Jennerwein war 29 Jahre alt, wurde er laut Gerichtsakten von seinem früheren Freund Johann Josef Pföderl auf einer Waldlichtung am Peißenberg erschossen. Seine Leiche fand man erst am 14. November. Die rechte große Zehe steckte im Abzug seines Gewehres und der Unterkiefer war zerschmettert. Offensichtlich sollte ein Selbstmord vorgetäuscht werden. Ein Teil der Wange mit dem rechten Schnurrbart hing in den Ästen einer Fichte. Eine weitere Schussverletzung, die aber nicht tödlich war, befand sich im Rücken. Obwohl Pföderl immer wieder seine Unschuld beteuerte und Verdachtsmomente auf den Jäger Simon Lechenauer hinwiesen, wurde er zu acht Monaten Gefängnis verurteilt, wobei ihm vier Monate Untersuchungshaft angerechnet wurden. Johann Josef Pföderl wurde gemieden, begann zu trinken und starb 1889 in Tegernsee. Durch die mysteriöse Todesursache wurde der „Wildschütz Jennerwein" zu einer Legende. So mysteriös wie sein Tod ist auch die letzte Ruhestätte des Wildschützen. Das heißt, bis heute weiß man nicht mit Sicherheit zu sagen, an welcher Stelle Georg Jennerwein wirklich begraben liegt. 1890 und 1900 wurde der Westenhofener Friedhof erweitert. Einflussreiche Gemeindemitglieder wollten ihre Angehörigen nicht neben Jennerwein beerdigt wissen. Sie versetzten daraufhin kurz entschlossen sein Grabkreuz an einen anderen Platz. Während des Zweiten Weltkrieges verwilderte Jennerweins Grab. 1947 bezahlte der „Peißl Wastl" die fünf Mark Aufstiftungsgebühr, damit das Grab erhalten blieb. Die Mitglieder des Schlierachtaler Trachtenvereins übernahmen die Grabpflege. Als Anderl Hoffmann, der Schlierachtaler Ehrenvorstand, 1961 starb, beteuerte er auf dem Sterbebett, dass sich in Jennerweins Grab nur der „Hax vom Beischä" befände und sonst nichts. Der Jäger Hartl H. schoss dem „Wilderer Beischä", bei der verbotenen Jagd ertappt, in die rechte Kniekehle. Die Schlagader wurde zerfetzt und das rechte Bein am Schenkel amputiert. Das Bein tauchte nirgends mehr auf.

Das Lied vom Wildschütz Jennerwein, das heute noch gerne gesungen wird, ist in der Art einer klassischen Moritat verfasst und lautet so:

1.

Ein stolzer Schütz in seinen schönsten Jahren,
er wurde weggeputzt von dieser Erd';
man fand ihn erst am neunten Tage
bei Tegernsee am Peißenberg.

2.

Auf den Bergen ist die Freiheit,
auf den Bergen ist es schön,
doch auf so eine schlechte Weise
musste Jennerwein zugrunde gehn!

3.

Auf hartem Stein hat er sein Blut vergossen,
am Bauche liegend fand man ihn;
von hinten war er angeschossen,
zersplittert war sein Unterkinn.

4.
Und es war schrecklich anzusehen,
als man ihm das Hemd zog aus;
da dachte jeder bei sich selber:
Jäger, bleib mit'm Selbstmord z' Haus!

5.
Du feiger Jäger, 's ist eine Schande,
du erwirbst dir wohl kein Ehrenkreuz;
er fiel mit dir nicht im offnen Kampfe,
wie es der Schuss von hint' beweist.

6.
Man bracht' ihn dann noch auf den Wagen,
bei finst'rer Nacht ging es noch fort,
begleitet von seinen Kameraden,
nach Schliersee, seinem Lieblingsort.

7.
Von der Höh ging's langsam runter,
denn der Weg war schlecht und weit;
ein Jäger hat es gleich erfunden,
dass er sich hat selbst entleibt.

8.
Und als man ihn dort in den Sarg wollt' legen,
und als man g'sagt hat: Ist jetzt alles gut?
O nein!, sprach einer von den Herren, o nein!
Auf seiner Brust, da klebt ja frisches Blut!

9.
In Schliersee ruht er, wie ein jeder,
bis an den großen Jüngsten Tag,
dann zeigt uns Jennerwein den Jäger,
der ihn von hint' erschossen hat.

10.
Zum Schlusse Dank noch den Vet'ranen,
da ihr den Trauermarsch so schön gespielt;
ihr Jäger, tut euch nun ermahnen,
dass keiner mehr von hinten zielt.

11.
Am Jüngsten Tag, da putzt ein jeder
ja sein Gewissen und sein Gewehr;
und dann marschiern viel Förster und auch Jäger
aufs hohe Gamsgebirg, zum Luzifer!

Dem Andenken des Holzknechtes und Wildschützen Girgl Jennerwein aus Bayern widmen wir diese Holzknechtnocken.

Jennerwein-Holzknechtnocken

1/2 l Grieß
70 g Fett
kochendes Wasser
Salz
Wasser zum Kochen der Nocken
2 El Butter

Gesalzener Grieß wird mit dem heißen Fett übergossen und damit vermischt. Dann gießt man so viel kochend heißes Wasser zu, dass ein weicher Teig entsteht. Diesen lässt man etwa eine halbe Stunde rasten, so dass der Grieß quillt. Aus der nun festen Masse sticht man große Nocken aus, die man in kochendes Salzwasser einlegt, leicht wallend kochen lässt und dann abseiht. 2 El Butter vorsichtig erhitzen, bis sie braun zu werden beginnt, und über die Nocken gießen.

7. Hasenöhrln oder Polsterzipfe

Zu den köstlichen einfachen Mehlspeisen der Bauern gehörten zur Zeit meiner Kindheit die Hasenöhrln, auch Polsterzipfe genannt. Heute noch wissen kundige Damen diese zu backen. Für mich hatten die herrlichen Stücke stets einen besonderen Zauber. Der Hase mit seinen langen Ohren, nach dem diese köstliche Mehlspeise benannt ist, hat eine spezielle Faszination. Etwas später, beim Wildschützen-Hochzeitsmenü, werde ich noch einiges zum Hasen erzählen. Hier sei schon festgehalten, dass sich der echte Hase, also der Feldhase, den Albrecht Dürer prächtig dargestellt hat, nicht in Käfigen zähmen lässt. Er braucht die Freiheit der Felder, Wiesen und lichten Wälder. Irgendwie gleichen die Hasen in ihrem Drange nach Freiheit den alten Wildschützen. Sie ähneln sich auch insofern, als sie dauernd auf der Flucht vor dem berufsmäßigen Jäger sind. Der Hase ist ein Symbol des Frühlings, des aufkommenden Jahres, aber eben auch der Schnelligkeit.

Die unglaubliche Schnelligkeit des Hasen ist sprichwörtlich. Daher drückte man die Flüchtigkeit der Zeit auch mit dem Bild des Hasen aus. Der Hase, der Lepus, ist bereits in der antiken Mythologie zum Sternbild geworden. Es war der Gott der Diebe und Händler, Hermes, der so begeistert war von der Schnelligkeit des Hasen, dass er ihn unter die Sterne versetzte. Der Hase ist nun ein schönes Sternbild am Fuße des Himmelsjägers Orion.

Es gibt aber auch bizarre Hasen, die Rehkrickeln auf ihrem Kopf zwischen ihren Löffeln tragen, sie werden als Raurackel bezeichnet. Ein solcher ausgestopfter Hase ist auch in unserem Wildderermuseum zu sehen. Wir verdanken diesen sonderbaren Hasen einem edlen Jagdherrn, Mag. Gert Andrieu ist sein Name. Er ist ein Nachfahre der schwarzen Grafen der Steiermark, wie man die das Eisen in ihren Gewerken verarbeitenden Hammerherren nannte. Diese Hammerherren waren stolze Leute, sie stellten sich dem Adel gleich, waren aber an einem Adelstitel nicht interessiert. Sie waren gute Jäger. Einer der Vorfahren des Herrn Andrieu hat angeblich diesen eigentümlichen Hasen „geschossen" (oder fabriziert).

Seine Fruchtbarkeit machte den Hasen in den Augen der Kirche auch zu einem sündigen Symboltier zügelloser sexueller Ausschweifungen. Und insofern hat der Hase und die hier zu beschreibende Mehlspeise Hasenöhrln auch etwas mit dem Polster und dem Polsterzipf zu tun. Denn manche fesche Sennerin duldete neben sich auf dem Polster, dem Kopfkissen, einen verwegenen Wildschütz.

Die Liebe der wohl meisten Wildschützen galt den Sennerinnen. So heißt es in der zweiten Strophe eines Liedes, dass der Wilderer nach der erfolgreichen Jagd auf eine Gams zur Almhütte der Sennerin kommt:

„Die Senn'rin steht herfür
vor ihra Hüttntür,
sie hat an Juhschrei tan
hinauf zu mir;
und wia's hat g'hört mein Schuss,
war ihr des koa Verdruss,
hat denkt, 's kehrt gewiss mein Bua
bei mir heut zua."

Die Sennerin freut sich über den Besuch. Sie liebt den Burschen, der da bei ihr zukehrt. Und für ihn macht sie seine Lieblingsspeise: vielleicht Hasenöhrln, auch Polsterzipfe genannt.

Hasenöhrln oder Polsterzipfe

Brandteig:
1/2 kg Mehl
1/4 l Milch
80 g Butter
Salz
2 kleine Eier
Öl oder Fett zum Ausbacken
(etwa 70 Stück)

Das Mehl mit den Eiern vermischen. Butter und Milch zusammen in einem Topf erhitzen, salzen, über die Mischung gießen und zu einem glatten Teig verrühren. Zugedeckt etwa eine halbe Stunde rasten lassen. Den Teig messerrückendick auswalken, mit dem Teigradl Dreiecke machen und diese in heißem Öl oder Fett ausbacken. Sie gehen auf und werden dickbauchig.

Man kann die Hasenöhrln sowohl angezuckert als Süßspeise als auch als salziges Backwerk, dann oft mit Kümmel gewürzt, zubereiten.

8. Hollerkoch

Hollerstauden gab es früher bei allen Bauernhäusern und oft auch bei den Almhütten, wo die Sennerinnen während des Sommers weitab vom Bauernhof lebten und von den Wildschützen aufgesucht wurden. Auf der Alm gab es keine Kontrolle durch Gesellschaft und Kirche. Es hieß: „Auf der Alm gibt es keinen Hahn und keinen Hund." Hahn und Hund sind die Symbole der sozialen Kontrolle. Das wusste die Sennerin auszunützen, wenn es galt, den Wildschützen bei sich übernachten zu lassen. Vor dem Liegengehen servierte die freundliche Sennerin dem von der Jagd müden

Wilderer manchmal ein Hollerkoch, das beiden schmeckte. Der Holunder gehört heute noch zu den bekanntesten Volksheilmitteln. So soll er gegen Kopf- und Zahnschmerzen helfen.

Unter den Hollerstauden brachten die alten Germanen der Göttin Holda oder Holla – sie ist identisch mit der Frau Holle im Märchen – ihre Opfer dar, denn sie erhofften sich von ihr Glück und Gesundheit. Früher zogen die Bauern daher vor jedem Holunderbaum den Hut. Und die Sennerin wünschte sich wohl, dass ihr Schatz, der Wildschütz, bei guter Gesundheit auf die Pirsch gehe und von dieser gesund zurückkehre. Grund genug, ihm ein Hollerkoch vorzusetzen.

Hollerkoch (Höllerröster, Holunderkoch)

Einige Zwetschken
2 Äpfel
1/2 kg Hollerbeeren
1/2 l Wasser
4 El Zucker
Zimtrinde
3 Gewürznelken
20 g Maizena und etwas Milch oder 1 El Mehl und 1/4 l Sauerrahm

Zwetschken entkernen, vierteln, Äpfel schälen, in Spalten schneiden, alles zusammen mit Wasser, Zucker und den Gewürzen weich kochen. Hollerbeeren von den Stielen zupfen und dazugeben, noch einmal aufkochen, bis die Beeren platzen. Maizena mit kalter Milch versprudeln und dazugießen, unter Umrühren aufwallen und dann überkühlen lassen. Statt Maizena und Milch kann auch Mehl in Rahm versprudelt und das Hollerkoch damit eingedickt werden.

Hollerkoch wurde auch am Abend mit einem Stück Brot gegessen. Das Hollerkoch kann man, bevor Maizena dazukommt, in Gläsern haltbar aufbewahren. Man füllt den kochend heißen Röster in sterilisierte Einmachgläser mit Gummiring und Deckel, gibt einen Schuss Weingeist darauf, zündet an und drückt den Deckel fest auf das Glas. Das entstandene Vakuum hält den Deckel fest und konserviert den Röster.

9. Apfeldalken

Während des Sommers ging es an manchen Tagen auf den Almen hoch her. Es gab Almfeste, an denen sich die Sennerinnen gegenseitig besuchten und sich über die jungen Burschen freuten, die zu ihnen heraufgepilgert kamen.

Daran erinnert dieses alte Gstanzel. Unter „Duld" – ein Wort, das aus dem Gotischen kommt – verstand man in manchen Alpengegenden ein Fest oder ein feierliches, heiteres Beisammensein:

Auf der Alm obn is lustig,
is gar alleweil Duld;
wenn's Dirndl ka Jungfrau is,
bin i net schuld.

Jedenfalls genossen die Sennerinnen einiges Ansehen bei den Wildschützen. Liebevoll bereiteten sie für solche Feste Almkrapfen, aber auch andere festliche Süßigkeiten vor. Eine besondere Spezialität dürften die Apfeldalken gewesen sein. Die Apfeldalken kommen aus der böhmischen Küche und fanden Aufnahme im gesamten österreichischen Raum, auch in den Alpen. Im alten Dialekt verstand man unter Dalken eine teigige Masse. Die Sennerin mag den Wildschützen mit einer solchen Spezialität erfreut haben.

In einem Lied aus dem 19. Jahrhundert wird angedeutet, mit welcher Freude ein junger Wildschütz hinauf zu seiner Freundin, der Sennerin, zog – und vielleicht mit Dalken bewirtet wurde. Am Beginn des Liedes wird zunächst von der Büchse, dem Vorderlader, erzählt.

Beim Buttern

„Das Büchserl is herg'richt und
d' Kapsel is schon drauf,
da nimm i glei a Ranzl,
wie's beim Jagern Brauch.
Oft geh i nu glei abends schön
stad aufi auf die Alm
und mach an frischn Juchaschroa,
das hat der Sennerin g'falln.
Da schreit halt die Sennerin
unter der Tür,
frischer Wildschütz, kehr zua!"

Apfeldalken

1 kg Äpfel
200 g Mehl
2 Eier
1 P Vanillezucker
geriebene Schale einer halben Zitrone
Öl zum Braten
Zimt und Zucker

Äpfel schälen und raspeln, mit Vanillezucker und Zitronenschale würzen. Mehl über die Äpfel streuen und gut vermischen. Eier versprudeln und über die Masse gießen, ebenfalls vermischen. Etwas Öl in einer Pfanne erhitzen und kleine Laibchen (Dalken) backen. Mit Zimt und Zucker bestreut servieren.

Aus diesem Teig kann man auch mit nassen Händen Knödel formen, diese in Salzwasser leicht wallend kochen und sie mit gerösteten Bröseln, Zimt und Zucker servieren.

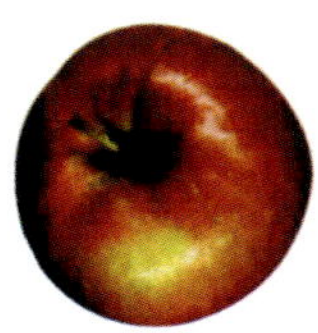

10. Brennnesselspinat

Die Wildschützen haben zwar gerne Gamsbraten gegessen, aber zu den Fasttagen vor Ostern verzichteten sogar sie auf Fleisch und aßen Gemüse. Am Gründonnerstag gab es Spinat. Manche Bauersleute und Wildschützen bevorzugten Spinat aus Brennnesseln, denn diese waren schon früh als Heilpflanzen bekannt. Sie halfen vor allem bei Gicht und Muskelrheuma. Es mag Wildschützen gegeben haben, die an solchen Krankheiten litten. Um frischen Fußes auf die Berge steigen zu können, aßen sie daher auch Brennnesselspinat.

Bereits die alten Kelten aßen Brennnesseln, um ihren Körper wieder in Schwung zu bringen. Das Aufregende an der Brennnessel ist, dass sie als Unkraut angesehen wird und sie eigentlich niemand will. Sie vegetiert am Rande der Zivilisation.

Dennoch ist mit ihr ein alter hübscher Brauch verbunden, über den mir einmal ein Freund erzählt hat: Wenn man an einem Freitag, dem Tag der germanischen Liebesgöttin Freya, vor Sonnenaufgang heimlich auf eine Brennnessel uriniere, dabei den Namen des oder der Geliebten sage und die Pflanze mit Salz besprenge, könne man dem Objekt der Begierde eine heiße Liebe anzaubern. Man müsse nur nach Sonnenuntergang desselben Tages die Pflanze ausgraben, in die Glut legen und drei Dämonen folgendermaßen beschwören: „Öl, Ammel und Ingrimm. So wie diese Nessel hier brennt, so brenne auch sein – oder ihr – Herz nach mir!"

Auch Sennerinnen und Wildschützen mögen solche magischen Rituale eingesetzt haben, um der Liebe frönen zu können. Magie scheint überhaupt eine Sache der kühnen Wildschützen gewesen zu sein. So beschreibt der Jagdschriftsteller Arthur Achleithner 1915 diverse magische Aktivitäten solcher Burschen und ihren Beitrag zur Volksmedizin im Ennstal: Hatte ein Bergbauer im November ein freudiges Familienereignis zu erwarten und hatte die Bäuerin Schwierigkeiten bei der Geburt, so bat der Bauer einen befreundeten Wilderer, so schnell wie möglich einen brunftigen Gamsbock zu schießen. Nachdem dieser einen solchen erlegt hatte, wurde dessen „Brunftrose" ausgeschnitten und der Gebärenden in die Hand gegeben. Dazu musste sie fleißig Honig essen und Heidelbeerschnaps trinken. Die Geburt würde dann leicht sein.

Viel begehrt bei Mädchen, die an Zahnschmerzen litten, war die von einem Wilderer ausgeschossene Bleikugel, die durch ein Wild gegangen war. Diese Kugel legte das Mädchen unter die Zunge, worauf sich die Schmerzen verflüchtigten. War der Wildschütz jung und hübsch, so sollen seine Küsse Ähnliches bewirkt haben.

In dem Buch „Die Altausseer" von Ferdinand von Andrian erzählt dieser vom Ansehen der Wilderer bei den kleinen Leuten und ihrem Pirschgang, der – um erfolgreich zu sein – mit geradezu magischen Ritualen verbunden ist: „Der Ehrgeiz, als schneidiger, frischer Bua zu gelten, und unbezähmbare Jagdlust wirken als Anreiz zu diesem streng geahndeten Sport, welchen die Bevölkerung niemals als Diebstahl betrachtet hat. Wie das ‚frischnen' (wahrscheinlich: bereitmachen) des Gewehres und das Gießen der Kugeln am Karfreitag stattfindet, ist der gebräuchlichste Tag für das unerlaubte Waidwerk der Freitag. Entweder schon am Vorabend oder zur frühesten Morgenstunde bricht der Schütze auf, ausgerüstet mit kleinem Mundvorrat an Brot, Speck und Schnaps und einer zerlegten Kugelbüchse. In ihrem Schaft ist ein geweihtes (!) Palmkätzchen und Wurzelwerk eingeschlossen. Nachdem er ins Freie getreten, betet er entblößten Hauptes fünf Vaterunser. Gestatten es die Umstände, so wohnt er tags zuvor einer Messe bei und betet den ‚Grausn-Segen'. Dieser lautet: O mein Jesus, ich glaube, dass den Teufel jederzeit ein Grausn angeht, wenn ich deinen heiligen Namen Jesu nenne; und nicht allein den Teufel, sondern alle

bösen Geister, die im Himmel und auf Erden schweben, ein Grausn angeht. Dazu hilf mir Gott, der Vater, Gott der Sohn und Gott der Heilige Geist. Amen' … Der Wildschütz stattet sein Gewehr zur Erhöhung der Schussfestigkeit mit Amuletten aus. Er hat es nicht gern, wenn jemand mit dem Finger die Mündung des Laufes auswischt. Ein bisschen dahin gebrachtes Ohrenschmalz hebt die Treffsicherheit nahezu auf. Andererseits glaubt er an die Treffsicherheit von verzauberten Kugeln."

Aberglaube spielte bei den alten Wildschützen also eine große Rolle. Im Ennstal wird Folgendes erzählt: „Begegnet der Wildbratschütz einer Maus, wird er nichts erlegen. Stoßt ihm ein Hase auf, so bedeutet dies Unglück." Und begegnete ein Wilderer einem Jäger, dem er nicht entfliehen konnte, „... so betet er seinen Grausn-Segen und macht sich zu einer Schlägerei bereit, in welcher die Bergstecken eine hervorragende Rolle spielen. Es setzt da wohl ernste Verwundungen ... Durch den Grausn-Segen soll der Jäger ganz harmlos werden und den Wildschützen laufenlassen."

Magie gehörte zum Leben der Wildschützen. Daher mag so mancher Wildschütz, wenn er von der Alm zum Bauernhof heimkehrte, vor diesem noch schnell in die Brennnesseln uriniert haben, um die Liebe der Sennerin magisch zu beschwören. Es ist allerdings zu hoffen, dass aus den vom Wildschützen auf diese Weise benetzten Brennnesseln kein Spinat gekocht wurde.

Brennnesselspinat

Junge Brennnesseln, etwa drei Hände voll
1 Bund Bärlauch
Salz
Pfeffer
wenig Muskatnuss
3/4 l Wasser
2 El Butter
1 El Mehl
Obers

Brennnesseln und Bärlauch gut waschen und in Salzwasser kochen, bis die Brennnesselstiele weich sind. Das Wasser abgießen und aufheben, die Blätter fein hacken.

Mehl in Butter anschwitzen lassen, mit einem Teil des Kochwassers aufgießen, aufkochen, die gehackten Blätter dazugeben, mit Obers verfeinern, würzen.

11. Leberknödel

Bei den Bauern saßen früher beim Mittagessen Mägde und Knechte – da waren auch Wildschützen dabei – gemeinsam um den Tisch und aßen aus der gemeinsamen Schüssel. Wie schon erwähnt, zeigte sich beim Essen die Hierarchie der Dienstboten. Als Erster langte mit seinem Löffel der oberste Knecht, der Moarknecht, in die Schüssel. Dann folgten unter anderen der Rossknecht, der Ablader, der Laufknecht und die Mägde. Hörte der Moarknecht auf zu essen, mussten – ähnlich wie am Kaiserhof (siehe oben) – auch die anderen aufhören, gleichgültig, ob noch genügend in der Schüssel war. Die Bezeichnung Moarknecht ist höchst interessant. Sie leitet sich von „major domus" ab, wie man ursprünglich den Vorsteher eines landwirtschaftlichen Gutes oder der Dienerschaft eines Hauses nannte. Als Hausmaier („major domus") des fränkischen Reiches, also als dessen oberste Verwalter, bezeichneten sich im 7. und 8. Jahrhundert die Pippins. Der Hausmaier Pippin III. ließ sich 751 zum fränkischen König wählen. Er machte aus seinem Vasallen Tassilo den berühmten Herzog von Bayern und er ist der Vater Karls des Großen. Der Moarknecht steht also, zumindest von seiner Bezeichnung her, in einer stolzen Tradition. Beim gemeinsamen Essen der Dienstboten war er tatsächlich so etwas wie ein König.

Besonders beliebt war die Leberknödelsuppe, die es allerdings nur selten gab. Knödel gehören in den Alpen zu den Hauptgerichten des bäuerlichen Tisches. Es gibt viele Arten von Knödeln bei uns: zum Beispiel die Speckknödel, die Mehlknödel, die Zwetschkenknödel und eben auch die Leberknödel. Und diese ließ man sich gerne schmecken.

Leberknödel

(Mengenangabe als Suppeneinlage für vier Personen)

150 g Leber
1 Zwiebel
Petersilie
3 Semmeln, klein geschnitten
etwas Milch
1 Ei
2 El Mehl
eventuell etwas Brösel
Salz
Pfeffer
Majoran
etwas Zimt

Die Semmeln in etwas Milch einweichen. Die Leber mit der Zwiebel faschieren. Ausgedrückte Semmelwürferln mit den anderen Zutaten vermischen, mit nassen Händen Knödel formen und in Suppe oder Salzwasser leicht kochen.

In einer Rindsuppe servieren.

Als Hauptspeise zu Sauerkraut oder mit Gulaschsaft reichen.

12. Eingebrannte Linsen

In der Zeit vor und unmittelbar nach dem Krieg hatten die Wildschützen einiges Ansehen bei den armen Leuten im Dorf. Einer von ihnen erklärte das so: „Wir Wilderer waren den Leuten nicht verhasst. Im Gegenteil, man hat uns immer wieder gefragt, ob wir nicht ein Bröckerl Fleisch für sie übrig hätten."

Die alten ehrbaren Wildschützen galten als potentielle Fleischlieferanten, mit denen man sich in Zeiten der Not gut zu stellen hatte. Über einen solchen aus der Gegend um Windischgarsten erzählte man mir dies: „Er war akzeptiert und jeder wusste, dass er wilderte. Gendarmen und Jäger haben aufgepasst und versucht, ihn zu erwischen. Er hat sie aber immer wieder hereingelegt und ist ihnen entkommen. In den Wirtshäusern, in die er zukehrte, genoss er großen Respekt."

Eine beliebte Speise in diesen Wirtshäusern waren Linsen, die auch den Wildschützen schmeckten. Die Linsen haben eine alte bäuerliche Geschichte, denn sie gehören zu den ersten kultivierten Nahrungsmitteln. Bereits in der Bibel werden sie erwähnt. Bei Ausgrabungen im Nahen Osten fand man Linsensamen in Gegenden, die schon 8000 Jahre landwirtschaftlich genutzt werden. Durch Wanderungen verbreiteten sich die Linsen über ganz Europa. Die Römer liebten sie und importierten sie tonnenweise aus Ägypten. Heute werden sie unter anderem in der Türkei und in Indien angebaut. Auch die Bauern haben sie gerne gegessen, ebenso wie die böse Stiefmutter von Aschenputtel im Märchen. Diese schüttet Linsen in die Asche und sagt dem Mädchen, wenn sie die Linsen in zwei Stunden auslese, dürfe sie zum Ball gehen. Die Tauben halfen Aschenputtel dabei und sie konnte den Ball besuchen, wo sie den Königssohn kennen lernte.

Jedenfalls sind Linsen gesund – sie gaben dem Wildschützen Kraft für seine Abenteuer –, denn immerhin sind sie gut gegen Anämie und vortrefflich für das Hirn. Auch dieses wusste der rechte Wildschütz geschickt einzusetzen.

Eingebrannte Linsen

400 g Linsen
1 1/4 l Wasser
150 g Speck
1 kleine Zwiebel
1 Bund Wurzelwerk
3 El Öl
2 El Mehl
Gewürze: Bohnenkraut, Quendel, 3 Wacholderbeeren, 5 Pfefferkörner, Salz

Linsen nach Vorschrift einweichen. Mit dem Einweichwasser und dem fein geschnittenen Wurzelwerk, den Gewürzen ohne Salz bissfest kochen. Speck und Zwiebel kleinwürfelig schneiden, in Öl anrösten, das Mehl zugeben, leicht braun werden lassen, mit dem Kochwasser aufgießen und aufkochen lassen. Die Linsen dazugeben und salzen.

Mit Semmelknödeln servieren.

13. Wilderer-Rahmkoch Erika

Die Zahl 13, die braven Bürgern und eifrigen Jäger Angst einflößt, bedeutet für viele echte Wildschützen jedoch Glück. Mein Freund Erwin Degelsegger ging an einem 13. mit Vorliebe auf die verbotene Jagd, mit Erfolg! Er war sich ziemlich sicher, dass an diesem Tag kein Jäger in den Wäldern und Felsen anzutreffen war.

Im alten Ägypten und in der Mayakultur symbolisierte die Zahl 13 ebenso Göttliches und Glückverheißendes. Und Glück brauchte der Wildschütz, der somit in einer stolzen Tradition steht.

Aus dem Ausseer Land wird außerdem berichtet, dass auch der Freitag ein Tag der Wildschützen war, schließlich war es der Karfreitag, wie schon erzählt, an dem Wildschützen ihre Kugel gegossen haben. Größtes Glück versprach sich also manch ein Wilderer bei seiner Jagd an einem Freitag, den 13.

So mancher *Pfarrer* und so manche *Pfarrerköchin im Gebirge*, die als fromme Leute wohl auch die Zahl 13 nicht fürchteten, hatten bisweilen ihre Freude an wagemutigen Wildschützen, sie unterstützten sie sogar.

Solche unterstützungswürdige Wildschützen gab es in der Gegend um Irdning und Donnersbachwald im Ennstal in den Niederen Tauern. In Irdning ist mein Schwager Bernd Arzt. Meine Schwester Erika treibt es in ihren freien Stunden, wenn sie in der ärztlichen Praxis nicht mithilft, hinauf auf die Almen und auf die Berge, sie ist eine gute Schifahrerin. Von einer alten Sennerin, die es mit Wildschützen gehalten haben mag, erfuhr sie dieses Rezept hier für ein Rahmkoch, eine kräftige Nahrung für Almgeher und vor allem für Wildschützen, nachdem sie, wie meine Schwester meint, auf der verbotenen Jagd und über die Felsen geklettert waren.

Meine Schwester Erika, daher sei ihr dieses Rahmkoch gewidmet, verhalf mir zu Einblicken in Geschichten, die sich auf die

Wildschützen dieser Gegend beziehen und die ein gewisser Karl Reiterer in der Zeitschrift „Waidmannsheil" von 1924 unter dem Titel „Jagd- und Wildererbilder" festgehalten hat.

Die eine Geschichte erzählt von rebellischen Pfarrern, die Sympathien für die Wilderer hatten. Sie taten dies aus gutem Grund, da die verbotene Jagd der Bauern, Bauernburschen und Knechte von diesen nicht als unrechtmäßig gesehen wurde. In einem Protokoll von Oktober 1770 wird berichtet, dass der Wilderer Jakob Rabenhaupt, bei vierzig Jahre alt, Sohn des vulgo Pötschen in Donnersbachwald, seine Wildererbüchse im Pfarrhof zu Oppenberg versteckt habe, weil er eine Hausdurchsuchung bei sich zu Hause befürchtete. Vorher hatte der Wilderer dem Jäger Peter Leitner, der ihn gestellt hatte, ein paar Ohrfeigen gegeben.

Von einem anderen Wildschützen, Michael Steindl war sein Name, heißt es laut Protokoll des Herrschaftsgerichtes Rotenfels vom August 1753, dass er dem alten früheren Pfarrer in Oberwölz ein von ihm geschossenes Schneehuhn gegeben habe, aber auch die Köchin des gegenwärtigen Pfarrers bekam eines. Außerdem schenkte dieser Wilderer von drei geschossenen Rebhühnern eines dem Riemer Hans, eines dem Herrn Stadtpfarrer und eines der Köchin. Auch der so genannte „Wildschützenhiesl" wurde zum Lieferanten für den Pfarrer von Oberwölz, dem er eine Decke und ein Stück Wildfleisch überbracht hat.

Ein anderes Protokoll aus Rotenfels vom Jänner 1739 erzählt vom Wilddieb Anton Lettmayr, den man „Gamstoni" nannte, er sei mit Eisen an Händen und Füßen gefesselt aus dem Schlosse geflohen und habe im Stadtpfarrhof von Oberwölz sich versteckt. Der Verwalter des Schlosses forderte vom Pfarrer die Herausgabe des Wilderers, doch der Pfarrer weigerte sich, dies zu tun, denn dies würde der „Kirchenfreiheit" widersprechen. Der Kaplan Josef habe übrigens, wie es im Gerichtsprotokoll heißt, dem Wilderer bei der Flucht über die Schlossmauer geholfen.

Die Wildschützen in der Donnersbacher Gegend sahen ihre großen Gegner in den Nachfahren der alten Adeligen. So wird 1928 von einem Konrad Ettlmayer in einer Anklageschrift berichtet, er habe im November 1927 auf dem Grimming dem Dr. Josef Kals und gleich danach auf demselben Berg dem Josef Lamberg je eine Gams weggeschossen. Bemerkenswert ist an diesem Hinweis, dass im Sinne der jungen Republik nicht vom Grafen Lamberg gesprochen wird, sondern bloß vom Herrn Lamberg. Der Grafentitel wird weggelassen (siehe Girtler 2004).

Jedenfalls waren die Wildschützen in den Bergen um Irdning und Donnersbach kühne und angesehene Herren, die sogar der Pfarrer akzeptiert hat.

Ihre Kühnheit und Stärke beruhten nicht nur auf dem Genuss von gewildertem Fleisch, sondern auch auf dem kräftigen Rahmkoch, dessen Rezept ich von meiner Schwester habe.

Wilderer-Rahmkoch Erika

3/4 l süßen Rahm
1/4 l sauren Rahm
Anis
ca. ein halber Liter glattes Mehl (genaue Angaben zur Menge des Mehls sind Geheimnis der jeweiligen Sennerin)
Rosinen, Salz

Einen 1/2 l süßen und einen 1/4 l sauren Rahm kochen, bis er siedet. Aus Mehl und 1/4 l süßem Rahm ein Faferl (dicken Brei) machen und in den Rahm geben, bis ein zähes Koch entsteht. Anis und Salz dazugeben und dann so lange rühren, bis ein lockerer Sterz entsteht. Zum Schluss die Rosinen beimengen. Anrichten mit Almkaffee (Kaffee mit Schnaps).

Noble Menüs der ehrbaren Wildschützen

Der echte Wildschütz hatte einen speziellen Ehrenkodex. Er war ein honoriger Herr, der mit dem bloßen „Raubschützen" nichts zu tun haben wollte. Als Raubschütz wurde jemand angesehen, der nicht waidmännisch jagte, der „alles" schoss, also nicht davor zurückscheute, zum Beispiel einem Kitz die Muttergeiß wegzuschießen. Hierin unterschied sich der Raubschütz nicht von jenen Jägern aus der Hocharistokratie wie dem Thronfolger Franz Ferdinand, die stolz darauf waren, in kurzer Zeit Hunderte Stücke Wild zu erlegen. Der ehrbare Wildschütz verachtete auch jene Wilderer, die Schlingen legten und so das Wild fürchterlichen Qualen aussetzten und die sogar vor einem hinterlistigen Mord an einem Jäger nicht zurückscheuten. Eine große Abneigung hegt der echte Wildschütz gegen den modernen Autowilderer, der das Wild blendet, um es dann leichter erlegen zu können.

Der echte und ehrenhafte Wildschütz liebte die Freiheit der Berge und er wollte die Gams nicht nur von unten anschauen. Zu seinem Ehrenkodex gehörte es, dass er keine Mühe scheute, um zum Wild zu gelangen. Er musste früh aufbrechen, weit marschieren und das erlegte Wild selbst tragen. Es entsprach ihm, dass er nicht in Gemeinschaftsjagden von Bauern jagte, sondern in Herrschaftsjagden. Und dorthin war es oft weit. Um dem Jäger aus dem Weg zu gehen, wilderte man zu Zeitpunkten, von denen man annahm, dass kein Jäger unterwegs sei.

Beide, Wildschütz und Sennerin, genossen weitab der Bauernhöfe auf den Almen ihre Freiheit. In ihnen floss das freie Blut natürlichen Adels. Daher wussten sie bei feierlichen Angelegenheiten nobel zu zechen.

Der klassische Wildschütz, der kühn durch die Wälder und in die Felsen zieht, hat etwas Nobles an sich. Schließlich stellte er sich durch die Jahrhunderte hinweg dem aristokratischen Jäger gleich, der nicht wollte, dass auch Bauern jagten. Als Rebell beflügeln den Wildschützen nicht nur die Freude am Wildbraten, sondern auch die Leidenschaft. Peter Rosegger sieht im Wildschütz daher so etwas wie einen Desperado der Berge, dem keine Mühsal zu groß ist und kein Unternehmen zu waghalsig, um für seine Freiheit zu kämpfen und das Wildbret zu erlegen.

Ehrbare Wildschützen ließen es sich nicht nehmen, zu großen Festen und vor allem zu Hochzeiten einzuladen. Zum Beispiel feierten Windischgarstner Wildschützen in der Zeit nach dem Ersten Weltkrieg im Gasthof Schaffermühle auf dem Weg in die Rosenau wild und heiter die Hochzeit eines ihrer Kumpanen mit einer feschen Bauerntochter, der so genannten Klein-Rosl. Ihr zu Ehren erklang zum ersten Mal ein Wildschützenlied, aus dem hier ein paar Strophen wiedergegeben werden sollen (das gesamte Lied findet sich in meinem Wilderer-Buch). In dem Lied belustigen sich die Wildschützen über die Jäger :

„Kruzi mentalischö
Banda musikalischö
Geigts a wenig schnölla o
Unsere Madln warten scho
Auf an schen Landla Tanz
Und a schens Gsangl a langs
Vom letzten Blödsinn
im Garstnertal herin.

Das Garstnertal is altbekannt
Als Wildschützengegend in unserm Land
Und voraus im Sengsengebirg
Da krachts oft wie im Kriag
Und vom Moarwipfel schau
Bis in d' Bärenriedlau
Ham so d' Schussrichtung kennt
Drum san d' Jager glei grennt.

Zum Obaförsta
Und ham eahms gsagt a,
Dass auf der Redtenbacherhöh
Steht Wildschützenarmee.
Und er schlagt Alarm
Um an Aorsch voll Schandarm
Und d' Jaga allsamt
San dabei mit Herz und mit Hand."

(In den nächsten Strophen wird erzählt, wie die Jäger die Wildschützen erfolglos zu fassen suchen und dabei von den Wildschützen genarrt werden). Es heißt weiter:

„Und zum Schluss Weidmannsheil,
Hoch das Forstpersonal,
Das Lambergsche Revier,
Schön Dank für die Müah,
Und wann's wieda herts kracha
Bleibts im Bett und tats lacha,
beim Weibl schö fein,
Im warmen Bett drein."

Im Anschluss an dieses Lied wurde weiter zu Ehren der Hochzeiter gegessen und getrunken.

Und nicht selten heiratete eine Sennerin einen ihr sympathischen Wildschützen.

I. Sennerinnenmenü

Wildschweingulasch mit braunen Bohnen
Nockerln
Stubwieser Almstrudel

Beim wackeren Wilderer verknüpfte sich Schlauheit mit einem großen Maß an Ausdauer. Sogar Klettern musste er können, wenn er in den Felsen unterwegs war. So einer war beliebt bei den „kleinen Leuten" im Gebirge und vor allem bei den Mädchen des Dorfes.

Besonderes Ansehen genoss die Sennerin bei den Wildschützen. In einem Lied wird sie als herrliche Frau gepriesen und geradezu erotisch mit Kugeln und Schießen in Verbindung gebracht.

„... A schöne Senn'rin liab'n
statt oana Wirtshausdirn,
hat da Pfarra g'sagt,
dös derf ma toan.
Und kloani Kugerl giaß'n,
kloani Gamserl schiaß'n,
saubere Dirndl liab'n,
ma muass all's probier'n ..."

Der Wildschütz zeigt sich hier als begehrter Liebhaber, der sich auf die Kunst des Schießens und Liebens versteht. Zum Wildschützen als „edlen" und verwegenen Rechtsbrecher gehört hier eine besondere Erotik, ähnlich wie zu früheren Räuberhauptleuten und kühnen Schmugglern. Der Wildschütz wurde als jemand betrachtet, der Mut zum Abenteuer hat und der fähig ist, die Mädchen herzhaft zu lieben. Dies zeigen auch folgende aus dem Jahre 1915 stammenden Zeilen: „Im Ennstal ist den Bauernburschen eine Art ritterlicher Sinn eigen, der sich im Wildschützenleben ausprägt; derjenige Bursch, der der kühnste Wilderer ist, gilt in der Bevölkerung als eine Art Heros. Der Bursch, der mit einer bockledernen Hose zur Kirche geht, gilt in den Augen der Bauernmädchen nichts; eine gamslederne (!) Hose muss er haben. Denn einen Burschen, der sich vor den Jägern fürchtet und sich nicht traut, ein Gamserl zu schießen, den mag ein Dirndl nicht. Ein solcher Bursch bekommt höchstens ein Mädchen, das die Wilddiebe nicht mögen" (Achleitner, 1915).

Der Wildschütz konnte also mit der Bewunderung und Unterstützung der Mädchen und vor allem der Sennerinnen rechnen.

Heiratete so ein Wildschütz, so ließ er groß auftischen. Zum Beispiel mit einem Menü, wie es hier beschrieben wird, denn auch hinter Wildschweinen war er her. Das Wildschwein hat gerade für die oberösterreichische Geschichte große Bedeutung. Es war im Jahre 777, als sich Gunther, der Sohn des bayrischen Herzogs Tassilo, bei einer Wildschweinjagd im Alpenvorland in einen direkten Kampf mit einem Eber einließ und dabei getötet wurde. An der Stelle, an der Gunther starb, gründete der Herzog das berühmte Kloster Kremsmünster. Jedes Jahr am 11. Dezember, dem Stiftertag, wird zur Erinnerung an die Gründung des Klosters von den braven Mönchen ein erlegtes Wildschwein gebraten und gemeinsam gegessen.

Aber auch andere Leute essen gerne Wildschweinbraten, so auch die Sennerinnen.

Zum edlen Wildschweingulasch werden hier Nockerln serviert.

Und da es heißt, „Auf d' Knedl, Nockerl und Nudl kommt a guada Strudel!", gibt es als Nachspeise den Stubwieser Almstrudel, der an das Almgebiet in der Nähe der Wurzeralm bei Spital am Pyhrn erinnern soll, in dem dereinst verwegene Wildschützen unterwegs waren.

Wildschweingulasch mit braunen Bohnen

300 g braune Bohnen
1 Zweig Bohnenkraut
600 g Wildschweinschlegel
8 Knoblauchzehen
100 g Selchspeck
200 g Zwiebel
100 g Schweineschmalz
2 El mildes Paprikapulver
1 Tl scharfes Paprikapulver
1/2 l Rotwein,
Salz
10 Wacholderbeeren
3 Lorbeerblätter
2 Tl Majoran
1 Zweig frischer Thymian
1 Zweig frischer Rosmarin
1 El Senf
2 Suppenwürfel
1–2 El Weinessig
etwas Rindsuppe
etwas Worcestersoße
1/4 l Rahm,
1 El Mehl

Die Bohnen am Vortag einweichen, im Einweichwasser mit einem Zweig Bohnenkraut weich kochen.

Das Fleisch in Würfel zu etwa je 50 g zerteilen. Die Zwiebeln und den Knoblauch fein, den Selchspeck kleinwürfelig schneiden.

Das Schweineschmalz erhitzen, den Speck, die Zwiebeln und den Knoblauch goldgelb anrösten, beide Paprikapulver dazugeben, kurz umrühren und den Rotwein dazugießen, wieder umrühren. Das Fleisch, das Salz und alle Gewürze dazugeben, wenn nötig noch mit etwas Suppe aufgießen und kochen lassen, bis das Fleisch weich ist. Die Bohnen abtropfen lassen und dazugeben. Den Rahm mit dem Mehl versprudeln, heißen Gulaschsaft dazugeben und wieder versprudeln. Dann das Ganze zum Gulasch gießen, gut umrühren und noch einmal aufkochen lassen.

Wenn Sie kein Wildschweinfleisch haben, empfehle ich Ihnen, das Rezept mit Gulaschfleisch vom Hausschwein zu versuchen!

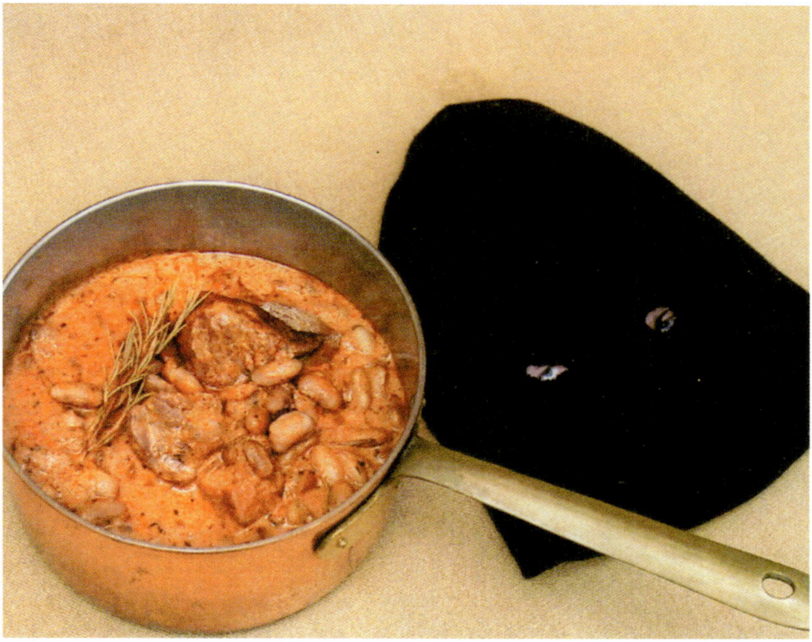

Nockerln

Butter schmelzen, mit Milch vermischen und die Eier in die lauwarme Masse sprudeln. Die Eier-Milch-Butter-Mischung über das gesalzene Mehl gießen und verrühren. Den weichen Teig durch ein Nockerlsieb in das kochende Salzwasser streichen, die Nockerln kochen, bis sie schwimmen, und dann abgießen. Kurz mit kaltem Wasser abschrecken und in ganz wenig Butter schwenken.

- *1/2 l Milch*
- *1/2 kg glattes Mehl*
- *100 g Butter*
- *2 Eier*
- *Salz*

Stubwieser Almstrudel

(für 6 Personen)

Zuerst Mohnfülle bereiten, da sie eine Stunde rasten soll, dann den Strudelteig, der mindestens eine halbe Stunde rasten muss. Als Nächstes Apfel- und Nuss- und zum Schluss die Topfenfülle bereiten.

Mohnfülle:
1/4 kg geriebener Mohn
1/4 l Milch
100 g Zucker
70 g Butter
70 g Rosinen
2 El Rum
Schale einer halben Zitrone

Milch mit Rosinen und Butter aufkochen und über den mit Zucker, Zitronenschale und Rum vermischten Mohn gießen, verrühren, mindestens eine Stunde quellen lassen und dann überprüfen, ob die Masse gut streichfähig ist. Bei Bedarf noch etwas Milch zufügen.

Apfelfülle:
1 kg säuerliche Äpfel
Zucker und Zimt nach Geschmack

Äpfel in Spalten teilen, schälen, Kerngehäuse entfernen und in feine Blättchen schneiden. Erst vor dem Einfüllen mit Zucker und Zimt mischen.

Nussfülle:
1/4 kg geriebene Walnüsse
1/4 l heißes Wasser
70 g Brösel
3 El Honig
eine Messerspitze gemahlene Nelken
1 El Zitronensaft

Honig in heißem Wasser auflösen, Zitronensaft dazugeben und über die Mischung aus Nüssen, Bröseln und Nelken gießen. Zu einer streichfähigen Masse verrühren, bei Bedarf noch Wasser zugeben.

Topfenfülle:
50 g Butter
3 Dotter
70 g Zucker
Eischnee aus 3 Eiweiß
1/4 kg Topfen
2 El Grieß

Butter mit Dottern und Topfen flaumig rühren. Eischnee mit Zucker schlagen. Beide Massen mischen und den Grieß unterheben.

Strudelteig:
600 g glattes Mehl
2 El Öl
4 cl lauwarmes Wasser
Salz

Mehl auf ein Brett schütten, mit dem Öl vermischen, salzen. Mehlberg mit einer Grube machen, etwas Wasser hineinschütten und mit einem Messer mit dem Mehl vermischen. So lange wiederholen, bis das Wasser aufgebraucht ist. Einmal alles durchmischen, aber noch nicht kneten. Teig teilen: 2/5 und 3-mal 1/5. Jeden Teil gut kneten, bis sich der Strudelteig seidig anfühlt, und unter einer umgestürzten Schüssel mindestens eine halbe Stunde rasten lassen.

Den größeren Strudelteig auf einem bemehlten Brett zuerst ausrollen und dann auf einem Strudeltuch ausziehen. Er muss mehr als die doppelte Größe der Strudelrein bekommen. Den Teig vorsichtig in die gebutterte Form legen und so viel überhängen lassen, dass am Schluss die letzte Füllung abgedeckt werden kann. Topfenfülle auf den Boden streichen.

Ein nächstes Teigstück auf die Größe der Rein auswalken und ausziehen, auf die Topfenfülle legen und vorsichtig den Rand leicht andrücken. Mohnfülle darüber streichen.

Nächstes Teigstück in gleicher Weise verarbeiten, Nussfülle aufstreichen. Letztes Teigstück ausbreiten, Apfelfülle mit Zimt und Zucker darüber verteilen und das erste Teigstück vorsichtig darüber verschließen. Mit Butterflöckchen bedecken und bei 180 Grad etwa 1 1/2 Stunden im Rohr, untere Einschubhöhe, backen.

2. Pius-Walder-Menü

Rehragout mit Semmelknödeln
Blutströpferln (Vogelbeeren in Rotwein)
Hexenschaum „Edith"

Wird ein Wildschütz hinterrücks erschossen, so wird er – wie zum Beispiel der Wildschütz Jennerwein – unsterblich. In Geschichten und Liedern wird seiner gedacht. Besonderer Respekt wird dem Wildschützen Pius Walder entgegengebracht, der im Jahre 1982 in Osttirol von Jägern erschossen wurde. Sogar Lieder wurden auf ihn gedichtet. Ein Film widmete sich seiner Geschichte und zahllose Fernsehdokumentationen handelten von Pius und seinen Brüdern, die den Jäger mit heiligem Zorn verfolgten.

Pius Walder, der im Gesicht angeschwärzt war, wurde am 8. September 1982 vom Jäger Johann Schett in Innervillgraten hinterrücks erschossen. Gemeinsam mit dem Aufsichtsjäger Josef Schaller nahm er Pius Walder, den er als Wilderer erkannt hatte, aufs Korn. Trotz der Aufforderung, stehen zu bleiben, versuchte Pius zu fliehen. Schett feuerte vier Schüsse auf den Flüchtenden. Nach dem letzten Schuss fiel der Wilderer, am Hinterkopf getroffen, zu Boden und starb. Wie die Ermittlung ergab, waren es keine Warnschüsse gewesen, sondern sie waren gezielt abgegeben worden.

Die Familie Walder war zutiefst erschüttert und empört. Als Pius am 12. September am Friedhof in Kalkstein begraben wurde, trugen die vier Brüder den Sarg. Am offenen Grab erhoben Hermann und Emil Walder die Hände und schworen: „Pius, das werden sie büßen!" In den folgenden Monaten versuchten die Brüder die Öffentlichkeit des Ortes auf das Verbrechen aufmerksam zu machen. Den Jägern gelang es jedoch, die Menschen gegen die Walder-Brüder aufzuhetzen. Als Emil und Hermann Walder am

26. September 1982 vor der Kirche in Kalkstein bemerkten, dass der Partezettel ihres Bruders entfernt worden war, öffnete Hermann die Kirchentür. Der Pfarrer war bereits am Altar. „Auße, ös Kalksteiner, wenn das Bild vom Pius nicht mehr sicher ist", rief er hinein. Und am 17. Oktober begab er sich zum Ortspfarrer Alban Ortner, um ihm deswegen Vorwürfe zu machen. Er schrie Ortner an und versetzte ihm zwei Ohrfeigen, worauf die Brille in weitem Bogen weggeschleudert wurde und zerbrach. Auch das Brevier war ihm entfallen, wie es im Gendarmeriebericht heißt. Nun bückte sich der Pfarrer nach der Brille. In dieser Haltung erhielt er von Hermann Walder einen Fußtritt gegen die „linke Oberschenkelpartie".

Es ging weiterhin wild zu in Kalkstein. Am Allerheiligentag des Jahres 1983 sagte Hermann Walder zu Nothburga Schaller, der Frau des Jägers: „Du hast keinen Grund, in die Kirche zu gehen!" Darauf kam es zu einer tollkühnen Auseinandersetzung zwischen Edith Walder, der Frau von Hermann, und den Damen Nothburga Schaller und Emma Schett, der Frau des Jägers, der Pius getötet hatte. Edith schilderte den Vorfall später der Gendarmerie: „Es war am Nachmittag nach einem Gräberbesuch in Kalkstein. Die meisten Leute waren schon weg, doch einige waren noch da, als ich merkte, dass mein Mann unter der Treppe vor dem Friedhof die Nothburga Schaller zur Rede stellte. Die beiden standen ganz nahe beisammen, und dabei muss Hermann, mein Mann, der Schallerin in die Haare gefahren sein, denn plötzlich hatte er ihren künstlichen Haarschopf in der Hand. In dem Augenblick schrien hinter mir zwei Frauen. Es waren dies Emma Schett und Johanna Vötter. Ich hörte, wie die eine schrie: ‚Burgi, wir machen Zeuge!' Sie sprangen herab und schrien laut, und ich sagte dazwischen: ‚Was mischt ihr euch da ein'. Daraufhin sprang Emma auf mich zu, zog auf und schlug gegen mich. Zugleich sagte sie: ‚Halt die Fotzn, du moderne Sau!' Das Wort Sau ist öfters gefallen. Ich konnte dem Schlag beinahe ausweichen, so dass sie mich nur bei den Haaren und beim Ohr streifte. Nun ging auch die Begleiterin gegen mich vor, das ist die Hanni, und ich hatte gerade zu tun, die beiden Frauen mit den Händen wegzutauchen, und dabei kam ich auch in die Haare der Emma. Wenn ich ein Büschel Haare ausgerissen habe, dann deswegen, weil ich sie mir vom Leib halten musste. Ich glaube nicht, dass ich mich beim Wehren meiner Füße bediente!"

Edith hat es also nicht leicht gehabt mit den beiden Damen, die in gewisser Weise auch etwas Hexenartiges an sich hatten. Daher ist Edith der „Hexenschaum", der zu diesem Menü gehört, gewidmet.

Hermann Walder kämpft weiterhin für die Ehre seines Bruders und gegen die beiden Jäger. Er trat im österreichischen Fernsehen auf, die Zeitungen reißen sich bisweilen um ihn, und auch sonst zeigt sich die Öffentlichkeit interessiert. Hermann weiß das. Die Walders wurden inzwischen zur Legende. Es werden viele Geschichten über ihre Stärke erzählt, wahre und unwahre. So sollen sie einen Gendarmen, der ihnen gegenüber unfreundlich war, auf einen Kleiderhaken gehängt haben. Einmal sollen sie eine Bartheke zersägt und ein Bündel Geldscheine auf den Tisch geworfen haben und wortlos verschwunden sein, weil sie angeblich nicht ordentlich bedient wurden.

Hermann hat Ansichtskarten mit den Bildern des Bruders und der Stelle des Mordes herausgebracht, samt einem Text, in dem die österreichische Justiz infrage gestellt wird. Sie lassen sich gut verkaufen.

Er wird von seiner prächtigen Ehefrau Edith unterstützt, der wackeren Kämpferin, die auch eine wunderbare Köchin ist. Ich weiß das, weil ich bei diesen lieben Menschen schon oft zu Gast war. Im September 2002 jährte sich der Tag des Mordes zum zwanzigsten Mal. Die Brüder veranstalteten eine Feier in der Kir-

Opfer Pius Walder

Geburtsort Kalkstein, Osttirol, Austria

che und am Friedhof in Kalkstein, auf dem Pius begraben liegt. Ich, Roland Girtler, war von Silian die 18 Kilometer dorthin zu Fuß gegangen und hatte die Ehre, eine Gedenkrede zu halten. In dieser wies ich auf altes bäuerliches Rebellentum und den Ehrenkodex der echten (!) Wildschützen hin, zu denen auch Pius gehörte.

In Erinnerung an Pius Walder hat Eva dieses Menü zusammengestellt. Zuerst wird ein Rehragout serviert. Auch Pius liebte solche Speisen. Dazu gehören die „Blutströpferln", denn Blut floss viel in dieser Geschichte. Und schließlich wird ein Hexenschaum kredenzt. Mit Hexen hatte es Edith Walder zu tun, als sie auf dem Friedhof von Kalkstein für Pius' Ehre gegen die Frauen der Jäger kämpfte.

Rehragout

3/4 kg Rehfleisch ohne Knochen
2 Zwiebeln
1 Knoblauchzehe
3 El Öl
1 Bund Wurzelwerk
1/8 l Rotwein
1 Tl getrocknete Habichtspilze
1 Tl Quendel
2 Lorbeerblätter
4 Wacholderbeeren
3 Pimentkörner
Salz
Pfeffer
heißes Wasser

Rehfleisch in etwa 2 cm große Würfel schneiden, salzen und pfeffern. Zwiebeln, Knoblauch und Wurzelwerk klein schneiden. Öl in einem breiten Topf erhitzen, die Fleischwürfel rundherum anbraten, aus dem Topf nehmen und warm stellen. Im Fett Zwiebeln, Knoblauch und Wurzelwerk anrösten und mit dem Rotwein ablöschen, das Fleisch wieder in den Topf geben, würzen. Mit heißem Wasser aufgießen, so dass das Fleisch gerade bedeckt ist, und zugedeckt schmoren lassen, bis das Fleisch weich ist.

Mit Semmelknödeln und Vogelbeeren anrichten.

Semmelknödel können aus derselben Masse wie für Bärlauchnocken gemacht werden, den Bärlauch muss man allerdings weglassen. Knödel formen und diese in Salzwasser kochen.

Blutströpferln (Vogelbeeren in Rotwein)

200 g Vogelbeeren
100 g Zucker
1/8 l Rotwein

Die reifen Beeren von den Stielen zupfen und in einem Sieb waschen.

Rotwein und Zucker aufkochen, bis sich der Zucker aufgelöst hat, dann die Beeren hineinschütten und weitere 4 Minuten zugedeckt kochen. Die Beeren mit einem Sieblöffel herausschöpfen und in Gläser füllen. Den Saft bei offenem Deckel noch weiterkochen, bis etwa 1/4 davon verdampft ist. Den heißen Saft über die Beeren gießen und die Gläser mit einem Schraubverschluss zumachen.

Tipp: Vogelbeeren oder Ebereschen werden wegen ihres bitteren Geschmackes kaum verwendet. Leider ist zu wenig bekannt, dass es Sorten wie zum Beispiel „Rosina" oder „Konzentra" mit wenig Bitterstoffen gibt.

Hexenschaum „Edith"

Vier Äpfel braten und passieren. Eiklar mit einer kleinen Prise Salz schlagen, den Zucker einrieseln lassen, weiterschlagen, bis der Schnee steif ist. Die passierten Äpfel mit der Ribiselmarmelade mischen und unter die Schneemasse heben. Auf Schalen verteilen, mit einem Tupfen Marmelade verziert servieren.

4 Äpfel
2 Eiklar
2 El Ribiselmarmelade
Salz
1 El Feinkristallzucker

3. *Wildschützen-Hochzeitsmenü*

Hase im Schrot
Wilde Kapern
Mostpafesen

Der echte Wildschütz, der im Gegensatz zu modernen Jägern und zu üblen Autowilderern zu Fuß unterwegs war, musste schnell und wendig sein. Er musste auch mit der Last des erlegten Wildes flott marschieren können, und er wusste sich geschickt vor den Augen des Jägers zu verbergen. Der Wildschütz brauchte also Eigenschaften, die auch dem Hasen zugeschrieben werden. Über Hasen habe ich schon erzählt, hier sei dennoch noch etwas angefügt.

Der griechische Dichter Plutarch (46–120 n. Chr.) meinte, die Schnelligkeit und die Wendigkeit des Hasen hätten etwas Göttliches an sich. Und insofern ist der Hase ein Vorbild für den Wildschützen, denn auch für diesen ist es wichtig, sich durch Witz und Schläue der Aufmerksamkeit des Jägers zu entziehen.

In Mythen der nordamerikanischen Indianer ist der Hase ein schlauer Bursche, der stärkere Tiere wie Bären und Büffel hereinlegt und besiegt. Er ist das Lieblingstier der Göttin Aphrodite, der Göttin der Liebe. Und sicher ist es auch die heitere Schläue des Wildschützen, die ihn ungeheuer anziehend macht. So war der legendäre bayrische Wildschütz Jennerwein sehr beliebt bei den Mädchen. Er soll eine Menge unehelicher Kinder gezeugt haben.

Heiratete der Wildschütz, so brauchte er einen Pfarrer, der ihn mit dem geliebten Mädchen verband und der mit den Wildschützen sympathisierte. Und tatsächlich waren die Dorfpfarrer nicht selten auf der Seite der Wildschützen, überhaupt wenn ihnen die Sorgen der kleinen Leute am Herzen lagen.

Es verwundert daher nicht, dass es Pfarrer gab, die offen die Partei der Wilderer ergriffen haben. Sie taten dies früher aus gutem

Grund – schließlich wurde die verbotene Jagd der Bauern, Bauernburschen und Knechte von diesen nicht als unrechtmäßig gesehen –, sie profitierten manchmal sogar davon. Solches und Ähnliches geht aus alten Gerichtsprotokollen aus der Obersteiermark hervor, wie sie Karl Reiterer, der schon zu Wort gekommen ist, wiedergibt. Er bringt auch ein Gerichtsprotokoll der Herrschaft Donnersbach vom Mai 1773. In diesem wird vom Pfarrer Matthias Moosbrugger in Donnersbachwald berichtet, der den Bauern nach der Predigt an einem Sonntag Folgendes gesagt haben soll:

„Meine Waldnerbauern! Es befindet sich ein Donnersbachwaldner Bube draußen im Schloss (zu Donnersbach) im Arrest, welcher einen Hirsch, der im Winter Korn gefressen hat, geschossen. Ich bitte euch alle inständigst, nehmt euch doch dieses Menschen an, helfet zusammen und stellet ihn auf freien Fuß!" Darauf las der Pfarrer die Messe. Als diese zu Ende war, drehte er sich am Altar um und sagte: „Was ich euch auf der Kanzel gebeten, bitt' ich euch noch einmal: Helfet doch zusammen und stellet diesen Menschen (den eingesperrten Wilderer) auf freien Fuß!" Mehrere Bauern marschierten noch am selben Tag zum Pfleger in das Schloss von Donnersbach und baten diesen, den Wilderer freizulassen. Würde er dies nicht tun, würden sie alle wildern. Ihre Bitte wurde aber nicht erfüllt.

Der Pfarrer sympathisierte also mit den Wildschützen, den Helden der kleinen Leute. Und wenn ein Wildschütz heiratete, so konnte er damit rechnen, von einem Pfarrer der beschriebenen Art freundlichst in den Ehestand befördert zu werden.

In Erinnerung an die alten Wildschützen, die in einer Zeit der Armut sogar die Unterstützung des Pfarrers hatten, wenn sie in verbotener Weise dem Wild nachstellten, sei dieses Menü kredenzt. Denn Hasen sind nicht nur interessante und schlaue Tiere, sie sind auch gut für die Pfanne. Schließlich hieß es in der Antike, der Genuss eines Hasen mache für neun Tage schön.

Hase im Schrot

1 küchenfertiger Hase
Salz
Pfeffer
2 El Öl
8 kleine Schalottenzwiebeln
2 Knoblauchzehen
4 Salbeiblätter
2 Lorbeerblätter
3 El wilde Kapern
1/4 l Rotwein
1 Becher Crème fraîche

Den Hasen in Portionsstücke teilen, salzen, pfeffern und in heißem Öl anbraten. Die Stücke aus der Pfanne nehmen und warm stellen. Zwiebel schälen, Knoblauchzehen in dünne Scheiben schneiden. Beides in heißem Öl andünsten, das Fleisch, Salbei- und Lorbeerblätter dazugeben, mit einem Spritzer Rotwein ablöschen. Die Hitze zurücknehmen und mit dem restlichen Wein aufgießen und schmoren, bis das Fleisch weich ist. Eventuell während der Garzeit heißes Wasser zugießen. Zum Schluss in die Soße Kapern und Crème fraîche einrühren.

Dieses Rezept eignet sich, leicht verändert, auch für Kaninchen. Man wird dann mit Weißwein aufgießen.

Wilde Kapern

Blütenknospen von Gänseblümchen,
Löwenzahn und
Scharbockskraut
2 cl Essig
1 Kl Salz, Wasser
3 Pfefferkörner
1 Scheibe Kren
1 Zweig Estragon

Eine Hand voll Blütenknospen, gemischt aus Löwenzahn, Gänseblümchen und Scharbockskraut (Feigwurzeliger Hahnenfuß), gut waschen und einige Stunden in Salzwasser legen, dann vorsichtig aufkochen und das Salzwasser abgießen. Die Knospen in ein Glas füllen. Essig mit den Gewürzen aufkochen, die Gewürze abseihen. Den kalten Essig über die Knospen gießen. Am nächsten Tag noch einmal den Essig abgießen, aufkochen, erkalten lassen und wieder über die Knospen gießen. Kühl und dunkel aufbewahren.

Man kann die wilden Kapern auch von nur einer Pflanzenart machen.

Mostpafesen

1 Wecken
Marmelade
1/4 l Most
Zimtrinde
3 Gewürznelken
3 El Zucker
2 Eier
Öl zum Ausbacken
Zucker und Zimt zum Bestreuen

Most mit Gewürzen und Zucker aufkochen und erkalten lassen. Den Wecken so in Schnitten schneiden, dass immer zwei und zwei zusammenhängen. Marmelade dazwischen streichen. Die Schnitten in den Most tauchen und etwa 1/2 Stunde liegen lassen. Eier zersprudeln. Jede Schnitte eintauchen und wenden und dann in heißem Öl ausbacken. Mit Zucker und Zimt bestreut anrichten.

4. Alt-Mollner Wilderermenü

für 6 Personen

Gamsbraten mit warmem Krautsalat
Erdäpfelknödel
Dirndlkirschenparfait

Bis lange nach dem Zweiten Weltkrieg genossen die alten Wildschützen hohes Ansehen, und die arme Gebirgsbevölkerung sah sich weiterhin gerechtfertigt, dem feinen Jagdherrn vor allem die Gams „vor der Nase" wegzuschießen.

Die Gams übte eine besondere Anziehungskraft auf die Wildschützen aus, da sie sich fernab der Siedlungen in felsigen und schwer zugänglichen Regionen aufhält.

Der Gamsjäger musste ein guter Bergsteiger sein, um überhaupt in die Nähe der Gams zu gelangen, und er benötigte Kraft, um das erlegte Tier zu Tale zu tragen.

In der Obersteiermark, vor allem im Gesäuse, wird erzählt, dass die alten „Wildpratler" hervorragende Bergsteiger gewesen und „wie Katzen in den Gewänden" geklettert seien. So ist der Peternpfad, eine leichte Kletterroute durch die Hochtorwand, die ich selbst schon geklettert bin, nach einem Wildschützen benannt, dem Schwarzen Peter. Dieser konnte um 1850 den Jägern stets durch Flucht über diesen Pfad entkommen. Erst auf dem Totenbett habe er dem Forstmeister Rodlauer erzählt, wo dieser Pfad durch die Felswand verläuft.

Die Wildschützen in den Bergen waren also gute Kletterer. Hier und da stürzte einer von ihnen jedoch in den Felsen ab. Abgestürzt ist auch der so genannte Schießerhans aus dem Ennstal beim Gamswildern am Bösenstein. Man fand seine Leiche erst Jahre später.

Es kam nicht selten zu Kämpfen zwischen Jägern und Wilderern. So ist in einem Büchlein von Karl Reiterer aus dem Jahre 1913

zu lesen, dass ein Jäger in einer mondhellen Nacht auf der Tauernstraße bei Trieben von einem Gasthaus aus einen Wilderer erblickte, der eine Gams am Rücken trug. Er nahm seinen Bergstock und sein Gewehr und forderte einen ebenfalls im Gasthaus sitzenden Kollegen auf mitzugehen. Die beiden eilten dem Wildschützen nach, und weil er sich wehrte, wie es heißt, „massakrierten" sie ihn. Das Volk jedoch war auf der Seite des Wildschützen und belegte den Jäger mit dem Schimpfnamen „Herodes".

Dass die Bevölkerung im Ennstal und in den Tauern um 1848 gegenüber den adeligen Jagdherren geradezu kämpferisch eingestellt war, ist ebenso aus diesem Büchlein zu erfahren. So ist zu lesen, dass eines Tages zwei Jagdherren einlangten und zwei Rehe schossen, worauf „Weiber" aus der Gegend die beiden noblen Herren mit nassen Fetzen davonjagten.

Geschichten dieser Art zeigen, wie schwer es Jäger und Wildpratler hatten. Die Gefahren waren groß und der Tod war stets gegenwärtig.

Die Sympathie der „kleinen Leute" war jedoch bei den Wildschützen. So auch bei den Mollner Wildschützen.

1919 herrschte in Österreich nach dem verlorenen Krieg bittere Not, so auch in Molln, einem Dorf am Zusammenfluss der Steyr und der Krummen Steyerling, in dem eher kleine Bauern und Metallarbeiter lebten. Berühmt ist Molln wegen der Maultrommeln, die dort erzeugt wurden und noch werden. Damals jedoch ging es allen schlecht. Ehemalige Soldaten kamen erschöpft und verbittert zurück in ihr Heimatdorf. Einige von ihnen wurden zu Wilderern, um sich und anderen Fleisch zu verschaffen.

In dieser Nachkriegszeit kam Molln durch eine Reihe fataler Ereignisse in den Blickpunkt der oberösterreichischen Öffentlichkeit. Bereits im Oktober 1918 war Johann Daxner, Förster beim Grafen Lamberg, dem das Revier um Molln gehörte, erschossen worden. Bis heute ist nicht geklärt, wer der Mörder war. Man vermutete, ein Wilderer. Drei Monate später, im Jänner 1919, kam es zu einer weiteren Bluttat, nun auf der anderen Seite. Ein Forstadjunkt hatte den Wilderer Vinzenz Bloderer auf der Flucht in den Rücken geschossen. Bloderer, ein Bauernknecht, der vier Jahre an der Kriegsfront hart für seine Heimat gekämpft hatte, starb an einem Lungen- und Leberdurchschuss. Bloderer stammte aus der Ramsau bei Molln. Von dort stammte übrigens auch unsere Hausgehilfin, die meine Eltern, die nicht viel Zeit hatten, ungefähr ab 1949 in ihrem Arzthaushalt für uns Buben angestellt hatten. Sie hieß Anni Bloderer und war eine sehr hübsche und liebe junge Frau, die wir Buben sehr verehrt hatten. Sie starb leider sehr früh und ist im Friedhof zu Frauenstein bei Klaus begraben, nicht weit von dem großen deutschen Fernsehstar Joachim Kulenkampff. Ich besuche ab und zu das Grab unserer Anni Bloderer aus der Ramsau, die aus einer armen Bauernfamilie stammte. Ich bin mir sicher, dass sie mit dem

Wilderer Vinzenz Bloderer verwandt war. Daher sei ihr hier ehrenvoll gedacht.

Beide Morde, der am Förster Daxner und der am Wildschützen Bloderer, hatten die Gemüter in Molln erhitzt. Besonders regten sich die Mollner Wilderer auf. Sie rekrutierten sich aus Arbeitern, Bauernburschen und Bauernknechten. Zum Großteil waren sie Heimkehrer aus dem Krieg, ebenso wie Vinzenz Bloderer. Sie waren prachtvolle Burschen, die im Reichraminger Hintergebirge regelrechte Beutezüge durchführten. Auch der Gams im Sengsengebirge stellten sie nach.

Da beschloss die Obrigkeit, einige Wilderer festzunehmen. Die Gendarmerie inhaftierte am 13. März 1919 fünf als Wilderer bekannte Burschen und brachte sie in das Bezirksgericht Grünburg, von wo sie am nächsten Tag mit dem Zug nach Steyr in das Kreisgericht überstellt werden sollten. Doch als die Gendarmen mit den Burschen in den Zug einsteigen wollten, sprangen zu aller Überraschung einige Mollner Wilderer aus dem letzten Waggon. Sie entwaffneten die Gendarmen und befreiten ihre Kumpane. Sodann zogen sie zu Fuß nach Molln in den Gasthof Dolleschal, wo sie die erfolgreiche Befreiung feierten.

Doch die Gendarmerie ließ sich diese Kühnheit der Mollner Burschen nicht gefallen. In zwei Lastautos wurden Gendarmen nach Molln gekarrt. Diese umstellten das Gasthaus. Der die Aktion leitende Gendarmeriemajor betrat es mit 15 Gendarmen. Stille trat ein. Nun erklärte der Major die Wilderer für verhaftet. Widerstand sei zwecklos. Doch keiner von ihnen reagierte. Nur der Wirt schrie, es gehe nicht an, dass man in seinem Gasthaus freie Bürger verhaften wolle. Schließlich lebe man nun in einer Republik. Jetzt erwachten die Wilderer aus ihrer Überraschung. Tische fielen um, Gläser wurden geworfen, und die Männer warfen sich auf ihre uniformierten Gegner. Da befahl der Major „Waffengebrauch“. Ein Gendarm tötete den Wilderer Karl Zemsauer durch einen Bajonettstich in den Bauch. Auch schoss er auf Zemsauer, ehe ihn ein Bierkrug am Kopf traf. Getötet wurde auch Georg Unterbrunner. Die Wilderer kämpften mit allem, was ihnen in die Hände kam, wie mit Stuhlbeinen und Holzscheiten. Der listige Wilderer Wolfbauer Gust, eine legendäre Wildererfigur, versteckte sich – da er sah, dass die Gendarmen in der Überzahl waren – im großen Rohr des Backofens, der an diesem Tag nicht geheizt war. Die Schlacht dauerte an. Am Ende gab es einige Schwer- und Leichtverletzte und drei Tote.

Die einheimischen Beamten teilten dem Major mit, dass zwei Wildschützen fehlten, eben der Wolfbauer Gust und Johann Eder, vulgo Resch. Der Wolfbauer konnte, da er gut versteckt war, nicht gefunden werden. Gefunden wurde aber Johann Eder in seinem Bauernhaus. Nach dem Abzug der Gendarmen fand man ihn tot mit durchstochener Brust in seinem Bett. Im Totenbuch der Pfarre Molln ist zu lesen: „Johann Eder, gestorben am 14. März 1919 um 11 Uhr nachts, Todesursache: Bajonettstich in die Brust."

Diese Wildererschlacht mit den vier Toten regte ganz Oberösterreich auf und brachte die Gendarmerie in Verruf. Im „Linzer Tagblatt" vom 17. März 1919 hieß es zum Beispiel unter dem Titel „Die Jagdrevolution in Molln": „Die Bauernrevolution der einsamen Mollner Waldleute gegen das Jagdprivileg des großen adeligen Grundherrn rollt all die Probleme, die schon die Hirne unserer aufständischen bäuerlichen Vorfahren erfüllten, wieder auf. Achleitner und Rosegger (!) werden wieder lebendig." Und die Sozialdemokraten machten das „Blutbad von Molln" zum Gegenstand einer Anfrage im oberösterreichischen Landtag.

Als die an der Schießerei beteiligten Gendarmen ein paar Tage später den Zug in Steyr bestiegen, um nach Linz zum Rapport beim Landesgendarmeriekommando zu fahren, wurden sie angeblich von den Leuten mit Steinen beworfen. Die Bevölkerung war also weitgehend auf der Seite der Wilderer. Der Rechtsordnung des

Staates, nach der Wildern verboten war, standen die informellen Normen gegenüber, wonach gerade in Zeiten der Not und wegen des Wildschadens die „verbotene Jagd" für die kleinen Leute durchaus berechtigt gewesen sei.

Am 17. März fand das Begräbnis der vier toten Wildschützen statt. Über 1500 Menschen gaben den vier Särgen das ehrende Geleit. Der gewaltige Leichenzug wurde durch die Musikkapelle von Leonstein eröffnet. Dieser folgte eine große Schar weiß gekleideter Mädchen. Hinter den Särgen schritten eine Abteilung der Volkswehr aus Steyr, eine Vielzahl von Arbeitern aus dem Steyr- und Teichltal und dann die Mitglieder der Mollner Liedertafel. Als die Särge in die Erde versenkt wurden, ertönten zwölf Böllerschüsse als Zeichen, dass es sich bei den Getöteten um Kriegsheimkehrer handelte. Im „Linzer Tagblatt" vom 23. März 1919 heißt es unter anderem: „... Der Freiheits- und Gerechtigkeitsdrang unseres Bergvolkes, der in Liedern und Worten ... so gefeiert wird, wurde ohne Zaudern barbarisch unterdrückt, weil er sich gegen die Vergewaltigung durch den Grafen Lamberg gerichtet hatte."

Und direkt über das Begräbnis schreibt die Zeitung: „Ein Zug mit vier Särgen nähert sich dem Friedhofe, und hinter den toten Kameraden schreiten leichenblass mit aufeinander gepressten Lippen die Lebenden. Nun kracht ein Böllerschuss. Von den Bergen rollt das Echo herab. Der erste Sarg sinkt in das Grab. Und während sie hinuntergleiten in die kalte Erde, knallt von irgendwoher ein-, zwei-, dreimal scharf eine Büchse. Vielleicht hat ein Wildschütz – oder ein gräflicher Jäger – den Toten von einem weißen Berg herunter einen letzten Gruß gesandt. Scharf und kurz hallen es die Berge wider gegen das furchtbare Unrecht, das im Namen des Gesetzes (!) verübt werden konnte. Das Herz tat weh, die Kehle presste es zusammen. Die kühnen, freien Männer, weiß wie Schnee im Gesicht, stehen am Erdhügel und weinen. Die Zähne beißen sie aufeinander, den Atem halten sie an, als aber der dumpfe Ton der Särge aus dem Grabe hörbar wird, fließen ihnen Tränen über die wetterfesten Wangen."

Das Begräbnis der toten Wildschützen wurde also zu einem großen Ereignis, an dem arme Eisenarbeiter und Holzhacker von weit her teilnahmen. Es wurde aber auch zur Demonstration gegen die Jagdherrschaft. An die Tötung der vier Wilderer erinnert ein Teller, auf dem ihre Bilder zu sehen sind, mit der Aufschrift: „Zur Erinnerung an die Opfer vom 14. März, ½ 8 Uhr abends, im Gasthause des Josef und der Anna Dolleschal".

In meinem Buch „Wilderer" beschrieb ich diese fatale Geschichte. Darauf erhielt ich einen Brief der Enkelin des getöteten Sensenarbeiters Karl Zemsauer. Sie schickte mir eine Kopie der Todesurkunde, aus der hervorgeht, dass Zemsauer durch einen Halsdurchschuss und einen Bajonettstich in den Bauch getötet worden war. Sie meinte, ihr Großvater sei kein Wilderer gewesen. Als ich antwortete, meinen Unterlagen nach müsse er doch ein Wilderer gewesen sein, schrieb sie mir, sicher war der Großvater auch ein Wilderer, an diesem einen Tag aber sei er unschuldig gewesen.

Ich erzählte diese Geschichte der Wildschützen von Molln auf Initiative von Eva Bodingbauer Kindern der vierten Klasse Volksschule in Kirchdorf an der Krems. Nach meiner Erzählung und wohl auch anderen Informationen zeichneten und malten die Kinder gemeinsam mit ihren Lehrerinnen Frau Ingrid Breitwieser und Frau Petra Hofner auf einer Rolle aus Leinen in einigen Bildern dieses grausame Drama von der Tötung der Wildschützen. Diese Rolle, die in einem Gestell liegt, kann gedreht werden, so dass die kleinen Kunstwerke nach der Reihe zu sehen sind. Sie ist ein Prachtstück im Wilderermuseum zu St. Pankraz. Die Kinder, die daran mitgewirkt haben, sowie ihre Lehrerinnen haben am Ende der Rolle unterschrieben. Mir ist aufgefallen, dass jener Bursche, dem die Geschichte am besten gefiel und der sich mit den Rebellen von Molln am engsten identifizierte, ein Bub aus Bosnien war. Er war offensichtlich stolz auf seine neue Heimat mit ihren alten „Helden der kleinen Leute".

In Erinnerung an die Mollner Wildschützen und an unsere liebe Hausgehilfin Anna Bloderer aus der Ramsau bei Molln, die mit Sicherheit mit dem Wildschützen Vinzenz Bloderer verwandt war, also aus einer Wildererfamilie stammte, sei das folgende Menü serviert.

Zur Anni möchte ich noch Folgendes festhalten: Sie war derart hübsch, dass Burschen aus Spital am Pyhrn – unter ihnen gab es einige Wildschützen – immer wieder versuchten, bei ihr zu fensterln. Einmal, es war um 1950, irrten sie sich im Fenster und gelangten in das Zimmer, in dem ich und mein Bruder schliefen.

Anni war auch eine ausgezeichnete Köchin. Ich gedenke ihrer in Hochachtung.

Gamsbraten

1,5 kg Gamsschlegel
Salz
Pfeffer
Wacholderbeeren
100 g Speck
4 El Öl
1/2 l heißes Wasser

Den Schlegel enthäuten und spicken. (Zum Spicken schneidet man den Speck in dünne Streifen und gibt diese ins Gefrierfach, bis sie ganz fest sind. So kann man sie leichter gegen die Faserrichtung ins Fleisch schieben.) Fleisch mit Salz, Pfeffer und den gestoßenen Wacholderbeeren einreiben. In einer Bratpfanne Öl erhitzen und den Schlegel rundherum anbraten. Mit 1/4 l heißem Wasser ablöschen, zudecken und im vorgeheizten Backrohr etwa 90 Minuten schmoren. Ist das Fleisch von einem älteren Wild, dann kann man den Schlegel zuerst in der Pfanne unter Zugabe von Wurzelwerk dünsten und sodann in einer anderen Pfanne im Rohr braten, indem man das Fleisch häufig mit dem Sud begießt.

Zum Servieren wird der Schlegel ganz mit heißem Krautsalat bedeckt und mit diesem in Portionen geteilt.

Krautsalat

Für den Krautsalat benötigt man:
1–2 Krautköpfe (etwa 1 kg)
1 Zwiebel
2 El Öl
1/8 l Essig
Salz
Kümmel

Die Krautköpfe vierteln und nach der Entfernung des Strunkes feinnudelig schneiden und salzen. Zwiebel schneiden, mit dem Kümmel in Öl glasig dünsten, mit dem Essig aufgießen, das Kraut dazugeben und weich dünsten.

Mit Erdäpfelknödeln anrichten.

Erdäpfelknödel

Erdäpfelteig wie für Erdäpfelnudeln (siehe oben) bereiten (Die angegebene Menge als Hauptspeise reicht für 6 Personen als Beilage). Aus der Masse Knödel formen und in reichlich Salzwasser kochen.

Dirndlkirschenparfait

150 g Dirndlkirschen
4 El Wasser
1 El Zucker
4 Dotter
2 Eier
150 g Kristallzucker
1/4 l Schlagobers

Dirndlkirschen mit Zucker und Wasser weich kochen und passieren. Dotter, Eier und Kristallzucker im heißen Wasserbad aufschlagen und dann weiterschlagen, bis die Masse kalt ist. Das Dirndlkirschenpüree einrühren und das steif geschlagene Obers unterziehen. Die Masse in Formen geben und im Gefrierfach fest werden lassen. Mit einigen Dirndlkirschen, in Zuckerwasser aufgekocht, anrichten.

5. Fürst-Schwarzenberg-Menü

für 6 Personen

Hirschbraten Fürst Schwarzenberg
Erdäpfelbällchen
Apfelkompott

Für die alten Wildschützen hatte auch der Hirsch seinen besonderen Reiz. So auch für einen Wilderer, den schon die Erde deckt. Er erzählte mir oft und mit Stolz, dass er, ein kleiner Bauer in der Nähe des Gleinkersees bei Windischgarsten, hier und da einen Hirsch geschossen habe. Franz Breitenbaumer hieß er. Nach seinem Hausnamen nannte man ihn „den Annerl". Er war ein nobler Herr, der sogar etwas Aristokratisches an sich hatte. Da er gerne am Schwarzenberg bei Spital am Pyhrn wilderte, wurde er – eben wegen seiner vornehmen Art – als Fürst Schwarzenberg angesprochen. Der Wildschütz wurde so dem Aristokraten gleichgestellt.

Zu seinem Adelsprädikat kam er so: Einmal suchte er an einem Sommertag den Friseurmeister Peter Hödl in Windischgarsten auf, um sich die Haare schneiden zu lassen. Der Friseurmeister begrüßte ihn: „Meine Verehrung, Fürst Schwarzenberg!" Die dort sitzenden und auf ihre Frisur wartenden Sommergäste, die den Wildschützen nicht kannten, schauten erstaunt und voller Ehrfurcht auf den „Fürsten". Als der Meister ihn fragte: „Was wünschen Fürst zu trinken?", antwortete unser Freund: „Wie heißt doch das Getränk? Ich glaube, das gewöhnliche Volk sagt Most dazu." Diesem Fürsten sei das Menü gewidmet.

Vielleicht ist es noch interessant zu wissen, dass die Brunftzeit der Hirsche nach einer alten Volksweisheit in den September fällt. Es heißt: „Wie der Hirsch an Ägidi (1. September) in die Brunft tritt, so tritt er an Michaeli (29. September) wieder heraus."

Franz Breitenbaumer, vulgo „Annerl"
= „Fürst Schwarzenberg"

Schließlich ist mit dem Hirsch seit der Antike eine besondere Mystik verbunden.

Bei den alten Griechen wird erzählt, dass der Jäger Aktaion die Göttin der Jagd Artemis beim Bade beobachtet habe. Dafür verwandelte die Göttin ihn in einen Hirsch.

Auch glaubte man, dem Jäger werde es seinen nahenden Tod verkünden, wenn ihm auf der Jagd ein weißer Hirsch begegnet.

Von König Philipp IV. (dem Schönen) von Frankreich wird berichtet, er sei 1314 bereits im Alter von 46 Jahren gestorben, weil er bei der Jagd von einem weißen Hirsch angegriffen worden war. Der weiße Hirsch symbolisiert den keltischen Gott Cernussos. Ein weißer Hirsch spielt auch in der Sage vom Jäger Hubertus eine große Rolle. Das Erscheinen des weißen Hirsches, in dessen Geweih ein Kreuz erstrahlte, bekehrte Hubertus. Er wurde zum frommen Mann.

Eine Menge Hirsche hat Kaiser Franz Joseph geschossen. Die Kaiservilla in Bad Ischl ist voll von Hirschgeweihen. Eines dieser Geweihe borgte mein Freund Markus von Habsburg unserem Wildschützenmuseum in St. Pankraz. Dort hängt es unweit der Kassa. Darunter steht zu lesen, dass der Kaiser, als er den dazugehörigen Hirsch schoss, wahrscheinlich einem Wildschützen zuvorgekommen ist.

Aber Hirsche bieten nicht nur prächtige Trophäen, sondern auch gutes Fleisch für einen Braten.

Hirschbraten Fürst Schwarzenberg

Speck in Streifen schneiden und tiefkühlen, bis er fest ist. Das Fleisch damit spicken, dann salzen und pfeffern und mit gestoßenen Wacholderbeeren einreiben. Öl erhitzen und den Schlegel rundherum anbraten, die restlichen Gewürze im Bratenfond rösten und mit Rotwein ablöschen. Im Rohr unter Zugießen von heißer Suppe und fleißigem Begießen braten. Tannenreisig entfernen, Soße eventuell mit etwas Butter oder Obers verfeinern.

Mit Preiselbeerkompott und Erdäpfelbällchen anrichten.

1,5 kg Hirschschlegel
50 g Speck
3 El Öl
1/4 l Rotwein
heiße Suppe nach Bedarf
5 Wacholderbeeren
Salz
Pfeffer
1 Tl Thymian
1 fingerlanger Zweig Tannenreisig

Erdäpfelbällchen

1 kg Erdäpfel
Salz
40 g Butter
4 Dotter
1 Messerspitze Muskatnuss
1 Ei und 1/2 Tasse Semmelbrösel zum Panieren
Öl oder Kokosfett zum Ausbacken

Erdäpfel waschen, schälen und in Salzwasser weich kochen. Wasser abgießen und Erdäpfel durch die Presse drücken. Mit Dottern, Butter und Muskatnuss zu einem geschmeidigen Teig verarbeiten. Mit einem Löffel den Teig herausstechen, kleine Bällchen drehen und diese in Ei und Böseln panieren und in heißem Fett ausbacken.

Apfelkompott

3/4 kg Äpfel
2 El Zucker
1/2 l Wasser
Zimtrinde
3 Gewürznelken
1 Scheibe einer Zitrone

Wasser mit den Gewürzen und dem Zucker aufkochen. Gewürze herausnehmen. Äpfel achteln, schälen und Kerngehäuse herausschneiden. Apfelspalten in den Sud geben und noch einmal vorsichtig aufkochen. Darauf achten, dass die Äpfel nicht zerfallen. Gewürze herausnehmen. Kompott auskühlen lassen und in Schalen anrichten.

6. Wildererpfandl Steyrbrücke

(für 12 bis 15 Personen)

Hirschbraten
Gamsbraten
Wildgulasch

Nockerln
Serviettenknödel
Preiselbeeren

Der Wildschützen und der prächtigen Sennerinnen wird im Gasthaus Steyrbrücke in St. Pankraz am Weg nach Hinterstoder großmütig gedacht. Das Wilderermuseum beim Gasthaus kündet von der stolzen Geschichte der Rebellen der kleinen Leute. Zur Erinnerung an die Bauernburschen, die in den Höhen des Toten Gebirges als Wildschützen der Gams, dem Reh und dem Hirsch nachstellten, und an die jungen Frauen, die ihnen als ihre Freundinnen auf den Almen Quartier gaben, kreierte der Wirt des Gasthauses, Willi Kerbl, dieses Wildererpfandl – und zwar anläßich der Eröffnung des Wilderermuseums im Mai 2000. Dieses Wildererpfandl wird höchst originell präsentiert. Das Herz lacht einem im Leib, wenn man es sieht.

Hirschbraten

1 kg Hirschschlegel
250 g Zwiebeln
250 g Speck
1/4 l Rotwein
1/4 l Rindsuppe
1 Orange
3 Knoblauchzehen
etwas Piment, Ingwer, Rosmarin, Pfeffer, Salz
1 Tl Thymian
1/8 l Rahm
250 g gemischte Schwammerln

Fleisch scharf anbraten, aus der Pfanne nehmen. Zwiebeln und Speck anrösten, mit Rotwein und Rindsuppe aufgießen und das Fleisch darin weich dünsten. Mit der Orange, Knoblauch, etwas Piment, Ingwer, Rosmarin, Pfeffer, Salz und Thymian abschmecken, mit Rahm eindicken.

Zum Schluss die gemischten Schwammerln beimengen.

Gamsbraten

1 kg Gamsschlegel
100 g Speck
100 g Zwiebeln
250 g Wurzelgemüse

Wie Hirschbraten zubereiten.

Soße

1/4 l Rotwein
1/4 l Suppe oder brauner Wildfond
10 Stk. dünnblättrig geschnittene Knoblauchzehen
Wacholderbeeren, Lorbeer
Thymian, Pfeffer
1/4 l Obers

Soße pürieren und mit Obers eindicken.

Wildererpfandl Steyrbrücke

Wildgulasch

Wildfleisch in Würfel schneiden, salzen, in Öl anbraten, aus der Pfanne nehmen und warm stellen. Die klein geschnittenen Zwiebeln, den Knoblauch und das geraffelte Wurzelwerk (etwas davon zurückbehalten) im selben Öl rösten, Paprika zugeben, durchrühren mit Rotwein ablöschen und weiterrühren, bis der Wein verdunstet ist. Das Fleisch, das Paradeismark und die Gewürze zugeben, mit heißem Wasser aufgießen und weich dünsten. Kurz vor dem Garwerden das zurückbehaltene Wurzelwerk beifügen. Zum Schluss den Rahm zugeben.

1 kg Wildfleisch ohne Knochen
Salz, 3 El Öl
65 dag Zwiebeln
4 Knoblauchzehen
35 dag Wurzelgemüse (Sellerie, Petersilienwurzel, Karotten)
1 El Senf, 2 El Paprika
2 El Paradeismark
etwas Rotwein
Salbei, Majoran, Piment, Ingwer, heißes Wasser
1/4 l Rahm

Beilagen

Zutaten mit Wasser zu einem mittelfesten Teig verrühren und in kochendes Wasser schaben.

Nockerln:
600 g griffiges Mehl
8 Eier, Salz, 3 El Öl

Zutaten abmischen und Knödel bereiten.

Serviettenknödel:
500 g Knödelbrot
6 Eier
100 g zerlassene Butter
Salz, Pfeffer
50 g fein geschnittene Zwiebeln, 1/8 l Milch

Dazu noch jede Menge Preiselbeeren.

Zwei Wildererrezepte der Holzknechte aus dem Hintergebirge

Ave-Maria-Gamsbraten „Schwarzer Hias“ & „In Gott's Nam'“-Rehleber „Wilder Hansl“

Bevor die freundlicher Besucher des Wilderermuseums in St. Pankraz ihren Kopf durch ein großes Wildererbild stecken können, um sich als echter Wildschütz fotografieren zu lassen – die Idee stammt von unserer fabelhaften Eva –, gehen sie noch an der Kopie eines schönen Marterls vorbei. Dieses kündigt, ebenso wie das daneben stehende Bild vom Wildschützen Jennerwein, vom Tod eines Wilderers. Und zwar vom Tod des Schwarzen Hias im Reichraminger Hintergebirge.

Der Kampf zwischen Wilderern und Jägern – das Marterl für den Schwarzen Hias

Man schrieb das Jahr 1879 – also genau ein Jahr nach der Geschichte mit dem Wildschützen Jennerwein. Der Holzknecht Hias war mit fünf anderen Wildschützen, ebenfalls Holzknechte, unterwegs, um im Jagdrevier des Grafen Lamberg in Anzenbach zu wildern. Unter den Holzknechten war auch ein Vorfahre meines leider schon verstorbenen Freundes Hans Reitmayr. Auch er hat Hans geheißen und war ein schneidiger Bursch. Auf der Pirsch beteten sie, wie erzählt wird, noch gemeinsam einen Rosenkranz – also mehrere Ave-Marias. Als sie dann auf einen Hirsch anlegten, auch das wird erzählt, riefen sie einander zu: „In Gott's Nam'!“.

Sie erlegten zwei Hirsche und begaben sich auf den Rückweg. Dabei trafen sie auf zwei gräfliche Forstleute, die die Wildschützen mit den Hirschen stellten. Es kam zu einer wüsten Schlägerei. Die Jäger griffen zum Gewehr und schossen auf den Schwarzen Hias, der eigentlich Mathias Schwarz hieß. Er wurde schwer verletzt.

29 Schrotkugeln sollen es gewesen sein, die in seinen Rücken fuhren. Ein paar Tage nach dieser Rauferei, am 22. September 1879, starb der Schwarze Hias im Krankenhaus zu Steyr. Es kam zum Prozess beim Kreisgericht in Steyr. Bei diesem wurden die Wildschützen zu Kerkerstrafen zwischen vier Monaten und einem Jahr verurteilt. Die beiden Jäger erhielten für die Erschießung des Schwarzen Hias lediglich bedingte Strafen.

Zur Erinnerung an den Wildschützen Schwarzer Hias hat Hans Reitmayr, der aus Laussa stammt, in Anzenbach im Reichraminger Hintergebirge an einem zur Enns fließenden Bach an einer Felswand gleich bei der Straße ein Marterl aus Schmiedeeisen errichten lassen. Dieses Marterl ziert ein Bild, auf dem die Szene der Schlägerei malerisch festhalten ist. Am 29. September 1990 wurde dieses Marterl unter der Anteilnahme der Bevölkerung durch den Ortspfarrer und mit Musikkapelle eingeweiht. Ich hatte die große Ehre, die Festrede zu halten. Es war ein schönes Fest zur Erinnerung an den Schwarzen Hias. (Der Schwarze Hias, so dachte ich mir damals, wird sich da oben auf einer Wolke gewundert und auch gefreut haben, dass zu seinem Gedenken so ein Marterl errichtet wird.) Jedenfalls soll dieses Marterl vor allem auch an die Geschichte der kleinen Leute im Gebirge und ihre Helden, die Wildschützen, erinnern.

Über die Geschichte vom Schwarzen Hias hat Frau Helene Reitmayr, die Frau von Hans, eine schöne Moritat verfasst, aus der ich hier einige Zeilen wiedergeben will. (Will jemand die ganze Moritat lesen, so kann er dies im Wilderermuseum zu St. Pankraz tun, wo sie beim Marterl des Schwarzen Hias zu sehen ist.)

Am Eingang zum Hintergebirge,
da draußen in Anzenbach,
da schlichen an dunklem Herbstmorgen
Wildschützen einem Sechsender nach ...
Die sechs schritten rüstig des Weges,
den Rosenkranz in der Hand,
sie beteten gläubig ihr „Ave",
dann griff zur Büchse die Hand ...

Es war ein wüstes Gerangel,
der Ausgang ungewiss,
weshalb schließlich einer der Jäger
zornig die Büchse hochriss ...

Von 29 Kugeln getroffen,
stürzt der Hiasl nieder zur Erd ...

Als der Richter die Jäger fragte,
wer verantwortlich für diesen Graus,
schob einer es auf den andern,
die Wahrheit kam nie heraus.

Sie erhielten, da unklar der Hergang,
nur einen bedingten Arrest.
Aber die, die aus Hunger gewildert,
setzte man Monate fest.

Das Leben der Holzknechte

Die Holzknechte, zu denen der Schwarze Hias und seine Kumpane gehörten, führten während der Woche in ihren Holzknechthütten ein karges Leben. Die alten Hütten waren aus Rinden erbaut. Man nannte sie Lafthütten. Laft ist ein altes Wort für Rinde. An den Seitenwänden dieser Hütten waren die Schlafstellen. In der Mitte wurde an einer Feuerstelle gekocht. Zu der dürftigen Kost dieser Burschen gehörten zum Beispiel „schwarze Mehlknödel". Für diese Mehlknödel brauchte man lediglich 400 g Roggenmehl, zu dem man schöpflöffelweise heißes Wasser gab, um es so mischen zu können. Die mit trockenen Händen geformten Knödel legte man in Salzwasser und ließ sie zirka 20 Minuten kochen. Dazu gab es manchmal Sauerkraut.

Solche karge Kost machte freilich Appetit auf kräftiges frisches Wildfleisch. Und deswegen machten sich die Holzknechte auf in die Wälder und in die Felsen, um dem adeligen Jagdherrn verbotenerweise das Reh, die Gams oder den Hirsch wegzuschießen.

Zu den Rezepten

Steffi Reitmayr, die wackere Schwiegertochter von Hans Reitmayr hat uns zur Erinnerung an den Holzknecht und Wildschützen Schwarzer Hias und überhaupt an die Wildschützen im Reichraminger Hintergebirge die beiden Wildererrezepte zukommen lassen. Die Rezepte wollen Eva und ich mit allem Respekt vor den kühnen Holzknechten im Ennstal und vor meinem Freund Hans Reitmayr hier anschließen. Steffi Reitmayr hat diese Rezepte aus einer alten Kochfibel ihrer Familie. Wir werden die Rezepte in der Form belassen, wie sie uns Frau Reitmayr niedergeschrieben hat. Auch sie sind Zeugnisse ihrer Zeit.

So war es selbstverständlich, dass die Köchinnen, die nach dem Kochbuch griffen, eine Ausbildung in Hauswirtschaft hinter sich hatten und darin geübt waren, die Rezepte nach den vorhandenen Vorräten abzuwandeln.

Man erwartete bei vielen Speisen, dass die Hausfrau die Mengen nach der Größe ihres Haushaltes selbst berechnen konnte und sie beim Würzen ein Grundwissen über Intensität und Verträglichkeit der Gewürze besaß, beziehungsweise auf ihren eigenen Geschmacksinn vertraute. Dass im Rezept des Gamsbratens ausdrücklich „guter Rahm" gefordert wird, gibt Einblick in die Tatsache, dass Lebensmittel eben auch leicht verderben können, was durch den selbstverständlichen Gebrauch des Kühlschrankes in Vergessenheit geraten ist. Ebenso ist das Beizen des Fleisches ein Mittel zum Haltbarmachen.

Ave-Maria-Gamsbraten „Schwarzer Hias"

Gams
Speck
Zwiebeln
Salz
Pfeffer
Lorbeerblatt
Wacholderbeeren
Rahm
Essig
Schwarzbrotrinde

(Zur Erinnerung an den Wildschützen Schwarzer Hias und seine Kumpane, die zur heiligen Maria beteten, bevor sie sich zum Wildern aufmachten.)

Geschätzt wird nur der Braten einjähriger Gamsen (schriftdeutsch: Gämsen). Von den Wilderern gern gegessen wird der Gamsschinken (von den Keulen). Das Fleisch älterer Tiere hat einen strengen Geschmack und muss in einer Marinade gebeizt werden.

Ein Wildererspричwort sagt: „Alte Gams und alter Has' geben einen Teufelsfraß."

Nachdem die Gams ausgebalgt, zerviertelt und rein gewaschen worden ist, wird sie in ein irdenes Gefäß gelegt, gesalzen, mit einigen Zwiebeln, etwas

Pfeffer, einem Lorbeerblatt und Salz nochmals gewürzt, mit Wacholderbeeren bestreut und mit heißem Essig übergossen, einige Tage an einem kühlen Ort aufbewahrt.

Nach 5–6 Tagen werden der Rücken und der Schlegel herausgenommen, mit Speck gespickt, in eine Bratpfanne gelegt und mit gutem sauren Rahm begossen. Einige Schwarzbrotrinden werden beigefügt. Das so bereitete Fleisch wird nun in der Bratröhre weich und mürbe gebraten.

„In Gott's Nam'"-Rehleber „Wilder Hansl"

Rehleber
Zwiebeln
Salz
Pfeffer
Essig
Mehl

(Die Wildschützen im Hintergebirge – zu ihnen gehörten die Vorfahren des Reitmayr Hansl – riefen sich, bevor sie schossen, fromm zu: „In Gott's Nam'")

Das Reh wurde früher boshaft als Ziege des Waldes bezeichnet. Jedes Reh soll 4 bis 6 Tage kühl „in der Decke" (im Fell), aber „aufgebrochen" (Innereien und Därme entfernt) abhängen.

Die Zerteilung erfolgt so:
Die beiden Vorderläufe absetzen, dann das Halsstück abhacken, links und rechts die Brustrippen mit dem Bauchlappen abtrennen, die Keulen vom Rücken trennen. Der Rücken und die beiden Keulen ergeben den Rehbraten. Schultern, Brustfleisch und Hals werden für Gulasch und Kleingerichte verwendet.

Als besondere Delikatesse gilt bei den Wilderern die Rehleber.

Die Rehleber muss ganz frisch sein. Daher gehört sie ausschließlich dem Waidmann oder eben dem edlen Wilderer.

Man scheibelt die Leber unmittelbar, nachdem sie dem Körper entnommen wurde, ohne sie zu putzen und abzuhäuten, bringt die Scheiben sogleich mit dem Rehschweiß (Blut) in geschmolzener,

Ein Wildererrezept aus Oberweng bei Spital am Pyhrn

mit gehackter Zwiebel gewürzter Butter ans Feuer, setzt Pfeffer, Salz, etwas Mehl und später eine gute Dosis Essig zu, lässt alles einige Male aufkochen.

Man erhält auf diese Weise eines jener Gerichte, die Tote zu erwecken und Lebende vom Sterben abzuhalten vermögen.

Wenn diese Zubereitung nicht möglich ist, so diese:
Die Leber wird vorerst gehäutet in sehr dünne Scheiben geschnitten, die dann, mit Pfeffer, Salz und fein gehacker Zwiebel bestreut und im Mehl umgewendet, auf starkem Feuer möglichst rasch in Butter gebraten werden.

Degelseggers Wildschützen-Hirschgulasch

Dieses Rezept ist meinem Freund Erwin Degelsegger, er wohnt in Oberweng bei Spital am Pyhrn, gewidmet, einem kühnen Herrn, der in den Fünfzigerjahren im Gebiet der Wurzeralm als Holzknecht tätig und dort auch als Wildschütz hinter der Gams her war. Als Holzknecht brachte er die schweren Holzblöcher mit seinem Ross von hoch oben zu Tal. Das war eine harte Arbeit. Eine Zeit lang war er auch als Träger für das Linzerhaus auf der Wurzeralm tätig. Als solcher hatte er – es gab damals noch keine Seilbahn – Lebensmittel und Bier von Spital am Pyhrn zum Linzerhaus zu tragen. Er war ein ungemein kräftiger Bursche. Während des Sommers führte er mit seinem Ross Jagdherren für die VÖEST – die „Vereinigten Österreichischen Eisen- und Stahlwerke", denen damals die Jagd um die Wurzeralm gehörte – auf die Berge. Der Jagdherr saß auf dem Ross, Erwin marschierte zu Fuß hinterher, darauf achtend, dass das Ross auch ordentlich ging. Einmal brachte er auf diese Weise sogar einen indischen Gesandten auf die Alm. Für die Herren der VÖEST dürften solche Einladungen ausländischer Politiker und Wirtschaftsleute zur Jagd wohl wichtig für Geschäftsabschlüsse gewesen sein.

Eva Bodingbauer sprach mit Erwin über eines seiner Erlebnisse als Wilderer. Sie zeichnete dieses Gespräch auf Video auf. Es ist im Wilderermuseum zu sehen. Erwin erzählte, er sei wieder einmal auf der Wurzeralm Holz führen gewesen. Er spannte sein Ross beim Linzerhaus aus und stellte es in den sehr geräumigen Schistall. Dann ging er in die Küche des Linzerhauses, um zu jausnen.

Er setzte sich zum Jäger, der auch hier seine Jause einnahm. Erwin hatte eine Flasche mit Schnaps bei sich. Mit dem Schnaps kühlte er, wie er sich ausdrückte, seinen Tee etwas ab. Zu diesem Schnapstee aß er ein Stück Geselchtes und unterhielt sich mit dem Jäger. Er bot ihm seinen Schnaps an. Dieser zog einige Male kräftig an der Flasche – so, dass er bald stockbetrunken war. Er war nicht mehr imstande, selbst hinauf zur Wurzeralm zu gehen, wo er sein Quartier hatte. So machte sich Erwin erbötig, ihn die paar hundert Meter dorthin zu schleppen.

Während er den Jäger so an sich gedrückt führte, spürte er in dessen Jackentasche zwei Patronen. Die nahm er an sich. Erwin legte ihn auf sein Bett in der Hütte, holte das Gewehr des Jägers, das er in der Vorhütte hängen gesehen hatte, und marschierte mit diesem in Richtung Wurzerkampl. Es war gegen Abend an einem der ersten Novembertage, zur Zeit der Gamsbrunft. Es lag schon etwas Schnee. Erwin dachte sich, wenn eine Gams kommt, ist es gut, wenn nicht, ist es auch gut. Da staubte eine Gams über einen Lawinengang und sprang in die Latschen, wo sie „ein Haberl machte", das heißt stehen blieb.

Erwin konnte die Gams nur schwer durch die Latschen sehen, daher wartete er eine Zeit lang. Bald stieg die Gams auf und es krachte. Erwin hatte gut getroffen. Er nahm die Gams und marschierte ein Stück zu Tal, hing die Gams mit ihren Krucken auf den Zweig einer versteckten Fichte und weidete sie aus. Dann wanderte er zurück zur Wurzeralmhütte, hing die Büchse des Jägers dorthin, wo ihr Platz war, und ging hinunter zum Linzerhaus, um noch etwas zu essen.

Ein paar Tage später holte er sich die Gams und brachte sie in sein Bauernhaus in Spital am Pyhrn. Seine Mutter bereitete schließlich einen prachtvollen Gamsbraten.

Nicht nur Gämsen hat Erwin als ehrenwerter Wildschütz erlegt, sondern auch Hirsche. Als er einmal auf einer Hirschjagd war – es lag schon Schnee –, entging er nur knapp den Jägern. Diese hatten die Spur seiner Schuhe im Schnee entdeckt. Da Erwin Schuhnummer 47 hat, fiel der Verdacht der Jäger auf ihn. Doch direkt konnten sie ihm, der alles leugnete, nichts nachweisen.

Wenn ich mit dem Fahrrad in Oberweng unterwegs bin, sitze ich oft bei Erwin und seiner lieben Frau Erna in ihrem freundlichen Haus, von dem aus man auf die Kette des Toten Gebirges sehen kann. Erwin erzählt mir beim Tee, in den ich keinen Schnaps schütte, gerne aus jener Zeit vor beinahe fünfzig Jahren, in der er als Holzknecht und Wildschütz im Gebiet der Wurzeralm umherzog. Er und Erna wissen viel über die alte Kultur der Bergbauern, über die ich geschrieben habe und die heute verschwunden ist. Viel von dem, was sie mir erzählt haben, habe ich in meinem Buch „Echte Bauern" niedergeschrieben.

In Erinnerung an diese vergangene Zeit hat Erwins Tochter Gabi auf seine Bitte hin dieses Rezept für ein Hirschgulasch, wie es Erwin in seiner Zeit als Wildschütz auch gegessen hat, aufgeschrieben. Wir fügen ihm den Namen Degelsegger hinzu.

Degelseggers Wildschützen-Hirschgulasch

Die Hirschschulter in grobe Stücke und den Speck in kleine Würfel schneiden. Dies mit Öl in einer Rein glasig rösten. Klein geschnittene Zwiebeln dazugeben und hellbraun anrösten. Dann werden Paprika, geriebene Zitronenschale und Zitronensaft dazugegeben. Nun kommt Weißwein zum Ablöschen hinzu.

Das Ganze wird zugedeckt langsam weich gedünstet. Wenn die Flüssigkeit fast verdunstet ist, mit Mehl stauben, mit Suppe oder Wasser aufgießen und fertig dünsten. Dann mit Sauerrahm verfeinern.

Als Beilage empfehlen sich Semmelknödel oder Nockerln.

700 g Hirschschulter
100 g Speck
3 Zwiebeln
Öl, Salz, Pfeffer
Majoran, Thymian
2 El Paprika, edelsüß
1/2 Zitrone
1/2 l Weißwein
2 El Mehl zum Stauben
1/4 l Sauerrahm
Suppe oder Wasser

Zur Jause

Soweit die einfachen und noblen Speisen aus der Welt der Bauern, Holzarbeiter und Wildschützen. Nun fehlt noch die Jause für unterwegs.

Dieses typisch österreichische Wort Jause – man kann es am besten mit „Zwischenmahlzeit“ übersetzen – stammt übrigens aus dem Slowenischen. Dem Wort Jause liegt „juzina“ zugrunde, das so viel heißt wie „Mittagessen“.

Bei uns ist die Jause allerdings kein Mittagessen, sondern eine kleinere Mahlzeit, die meist am späten Nachmittag, so gegen 16 Uhr, eingenommen wird. Für Leute, die hart zu arbeiten haben, für Wanderer und eben auch für Wildschützen bedeutet sie eine willkommene Ruhepause, in der man Mitgebrachtes mit Genuss verzehrt.

1. Wilderer-Hartwurst „Hannerl“

Waren Wildschützen unterwegs, so hatten sie ein Stück Brot, das die Bäuerin gebacken hatte, und ein Stück Geselchtes oder eine selbst geräucherte Wurst bei sich. Die Wurst stammte meist von einem gewilderten Stück, am besten von einer Gams. Das Rezept für eine solche Wurst erfuhr ich am so genannten „Himmel“ im Gasthof Oktogon, der mit seinen acht Ecken aus Glas und Holz in der Nähe des Hermannskogels über der Stadt Wien thront.

Dorthin war ich mit dem Fahrrad gefahren. Der noble Herr Franz servierte mir einen Tee. Da erblickte ich eine freundliche Dame, Hannerl ist ihr Name. Ich hatte die Ehre, sie und ihren wunderbaren Herrn Gemahl Alexander schon vor einiger Zeit kennen gelernt zu haben. Ich durfte mich mit meinem Tee zu ihr setzen. Als ich ihr erzählte, ich würde mit der liebenswürdigen Frau Eva Bodingbauer, die sehr klug Wildschützenrezepte gesammelt und dargestellt hat, ein Kochbuch der Wildschützen herausbringen, zeigte sie sich hoch begeistert von dieser Idee. Schließlich habe ihr Vater eine prächtige Jagd in der Steiermark besessen, und sie habe nicht nur mit Jägern, sondern auch mit Wildschützen zu tun gehabt. Ich habe übrigens den Eindruck, dass ihr mir höchst sympathischer Herr Gemahl etwas von einem solchen ehrbaren Wildschützen an sich hat.

Hannerl erzählte mir, einmal sei ein von ihrem Vater angestellter Jäger bei ihr und ihren Eltern erschienen und hätte seinen Hut, den ein Loch zierte, gezeigt. Er käme gerade von der Jagd, berichtete er. Seinen Hut hätte ein Wilderer, dem er auf den Fersen war, durchschossen. Er hätte Glück gehabt, dass das Geschoss seinen Kopf verfehlt und nur den Hut getroffen hatte. Triumphierend präsentierte er den Hut und gebärdete sich als kühner Held, der den Kampf mit Wildschützen gewagt hatte.

Allerdings stellte sich ein paar Tage später heraus, dass der Jäger den Hut selbst durchschossen hatte, um sich interessant zu machen. „Also so ein großer Held ist er auch nicht", dachte sich Hannerl, die insgeheim gewisse Sympathien für verwegene und ehrbare Wildschützen hegen dürfte.

Von Hannerl haben wir dieses aus den steirischen Bergen stammende Rezept für Hartwürste, die den Wildschützen Kraft und Freude bei ihren Unternehmungen gegeben haben mögen. Serviert werden diese nach dem Rezept der Hannerl hergestellten Würste heute noch im Oktogon „am Himmel" am Rand von Wien.

Ich erhole mich in dieser gastlichen Stätte regelmäßig von den Strapazen meiner Radtouren. Mein Freund Gerhard Heilingbrunner, der Chef des Oktogon, hat mir, dies sei eingefügt, ein Deputat auf Lebenszeit für ein Seidel Bier oder einen Tee eingeräumt, da ihm ein Artikel sehr gut gefallen hat, den ich in einer österreichischen Tageszeitung über den Untergang der alten bäuerlichen Kultur geschrieben habe. Immer wenn ich dorthin radle, serviert mir der freundliche Herr René oder der noble Herr Franz wortlos

einen Tee oder, wenn ich es ausdrücklich wünsche, ein Seidel Bier. Herr Werner, der kulinarische Dirigent des Oktogon, ist übrigens auch begeistert von der Wildschützen-Hartwurst „Hannerl". Auf das Wohlsein von Hannerl und der Herren des Oktogon trinke ich einen Schluck Bier.

Wilderer-Hartwurst „Hannerl"

Ein Teil des Wildfleisches wird im Mixer mit Wasser zu einem „Brat" (Cutter) püriert. Das Pürierte wird mit dem restlichen Fleisch durch einen Fleischwolf gedreht, also faschiert. Nun kommen, fein abgestimmt, die Gewürze dazu. Schließlich wird das Ganze in Schweinedärme gepresst und geselcht.

2/3 Wildfleisch (am besten von einer Gams)
1/3 Schweinespeck und Schweinefleisch, je zur Hälfte
Salz, Pfeffer, Majoran, Kümmel, Rosmarin und feurigen Paprika

2. Stefan-Fadinger-Bauernkriegskuchen „Straßham“

Mit dem Wohlwollen von Eva gestatte ich mir, hier noch das Rezept eines wohlschmeckenden Marmorkuchens aus einer Bauernküche anzufügen, der wohl auch manchem Wildschütz bei seiner Jause geschmeckt haben mag. Vor allem soll dieser Kuchen an den edlen oberösterreichischen Bauernführer Stefan Fadinger erinnern, denn immerhin ging es bei den Bauernkriegen auch um das Jagdrecht der Bauern. Das Rezept für diesen Kuchen habe ich von meinem lieben Schulfreund Helmut Rathmayr, der aus Straßham in der Gegend bei Eferding stammt, die man das Landl nennt und in der der oberösterreichische Bauernaufstand 1626 seinen Anfang nahm. Und daher der Bezug auf Stefan Fadinger. Mit Helmut Rathmayr habe ich acht Jahre im Klostergymnasium zu Kremsmünster verbracht. Stolz erzählte er mir, nicht allzu weit von seinem Dorf stehe ein Denkmal, das an eine der großen Schlachten des Bauernkrieges, und zwar an die im Emlinger Holz, erinnert. Auf diesem Denkmal ist der stolze Spruch Stefan Fadingers zu lesen: „Es muss sein.“ Seit damals nennt man übrigens in Oberösterreich Hochzeiten, bei denen die Ehepartner – aus welchen Gründen immer – heiraten „müssen“, Stefan-Fadinger-Hochzeiten.

Am Beginn dieses Bauernkrieges steht das berühmt gewordene Frankenburger Würfelspiel, bei dem der Statthalter von Oberösterreich Herberstorff auf Geheiß des Habsburger Kaisers jeweils zwei rebellische evangelische Bauern um ihr Leben würfeln ließ. Es war eine Strafaktion, da Bauern einen katholischen Geistlichen vertrieben hatten. Sie wollten einen evangelischen. Der Bauer, der die kleinere Zahl würfelte, wurde sofort auf einer Linde gehenkt.

Damals war fast ganz Oberösterreich evangelisch, denn man wollte frei sein von dem Joch der katholischen Kirche und der Willkür der Aristokratie. Der Kampf der Bauern war hart. Sie belagerten sogar Linz. Stefan Fadinger wurde bei dieser Belagerung

vom Schloss aus erschossen. Sein Nachfolger Achaz Willinger führte den Kampf tapfer weiter, doch die Bauern unterlagen der Übermacht. Eine der letzten Schlachten fand bei Pinzdorf in der Nähe des Traunsees statt. Der General der Panzerreiter Pappenheim, der Sieger, schrieb darüber: „Es war ein wunderliches Fechten, sie (die Bauernkrieger) wichen nicht Schritt für Schritt zurück, sondern nur Fuß für Fuß."

Nach der Niederlage der Bauern zwang man sie, katholisch zu werden. Diejenigen, die auf ihrem evangelischen Glauben beharrten, wurden schließlich mit Gewalt – vor allem unter der frömmelnden Maria Theresia – nach Siebenbürgen verbannt. Nebenher sei gesagt, dass ich seit Jahren bei den Nachkommen dieser Verbannten, die sich heute noch nach der Gegend um Eferding Landler nennen, in der Nähe von Hermannstadt mit Studenten Forschungen durchführe.

Mein Freund Helmut Rathmayr stammt also aus einer rebellischen Gegend, in der Bauern um ihre Rechte kämpften. Sicher gibt es auch unter seinen Vorfahren verwegene Bauern und wackere Bäuerinnen. Eine solche Bäuerin war auch die Mutter Helmuts. Ich erinnere mich noch gut und in aller Verehrung an sie, wie sie mit ihrem Mann Helmut im Konvikt besuchte und ihm einen wunderbaren Kuchen brachte. Sie pflegte für ihren Herrn Sohn regelmäßig einen solchen zu backen, damit er als Zögling im Konvikt nicht unnötig Hunger leiden müsse, in einer Zeit, in der wir alle noch zu darben hatten. Helmut ging mit diesem Marmorkuchen äußerst sparsam um und schnitt nur hier und da zur Jause für sich ein kleines Stück ab. Manchmal erhielt auch ich ein Stück, wenn Helmut meinte, ich hätte mir als sein Freund ein solches verdient.

Ich schwärme heute noch von diesem herrlichen Kuchen. Zur Erinnerung an diese nicht gerade leichte Zeit im Internat, in dem wir alle sehr bescheiden leben mussten, in Erinnerung an den kühnen Stefan Fadinger und in freundschaftlicher Verbundenheit mit Helmut gebe ich das Kuchenrezept seiner liebenswürdigen Mutter hier wieder. Ich bin mir bewusst, dass zur Zeit Stefan Fadingers mit Sicherheit keine Kuchen dieser Art gebacken wurden, zumal es so etwas wie Vanillezucker und Kakaopulver hierzulande noch nicht gegeben hatte. Aber wir widmen dem Bauernführer diesen Kuchen dennoch, denn immerhin wurde er in einer Gegend gerne gebacken, in der Stefan Fadinger seinen Kampf für die Freiheit und Menschenwürde der Bauern ehrenvoll führte. Und schließlich erinnert uns dieser Kuchen an eine Zeit der Armut in Oberösterreich nach dem letzten Krieg, als ein Stück Kuchen noch eine Kostbarkeit war.

Stefan-Fadinger-Bauernkriegskuchen „Straßham"

4 ganze Eier
250 g Staubzucker
1/2 oder ein ganzes Packerl Vanillezucker
1/8 l Öl
1/8 l Wasser
250 g Mehl (halb glatt, halb griffig)
1/2 Packerl Backpulver
2 El Kakaopulver

Eier, Staubzucker und Vanillezucker werden schaumig gerührt. Öl und Wasser werden vorsichtig untergerührt, ebenso Mehl und Backpulver. Dann wird Kakaopulver mit einem Teil der fertigen Teigmasse vermengt, und dieser Teil wird abwechselnd mit der weißen Teigmasse in eine Backform gefüllt. Nun wird das Ganze ungefähr eine Dreiviertelstunde bei max. 200 °C (E-Herd) auf der mittleren Schiene im Ofen gebacken.

Helmut Rathmayr fügte dem Rezept seiner Mutter, das er und seine Frau Gemahlin mir sorgfältig aufgeschrieben haben, folgende Worte hinzu – sie seien hier wiedergegeben: „Gutes Gelingen und guten Appetit wünschen aus dem Landl Helmut und Elsa Rathmayr – würden uns über einen Besuch sehr freuen!" … Ich werde die beiden demnächst besuchen.

3. Sperls Wildererkrapfen

Zu Ehren von Hans Fahrnberger vom Sperlgut bei Windischgarsten, der 1923 als Wildschütz erschossen wurde, wollen Eva und ich noch auf spezielle Bauernkrapfen hinweisen. Das Rezept zu diesen Bauernkrapfen haben wir von Frau Elfriede Sulzenbacher, der Köchin im Alpenhotel „Sperlhof".

Dieser Hans Fahrnberger, nach dem Hausnamen auch Sperl Hans genannt, war auf der Moaralm (Mayralm) unweit von Windischgarsten in einem Kampf zwischen Jägern und Gendarmen auf der einen und Wilderern auf der anderen Seite getötet worden. Erfahren habe ich diese Geschichte vom „alte Sperl", dessen Frau die Nichte des erschossenen Hans Fahrnberger vulgo Sperl ist. Sein Schwiegervater, also der Bruder von Hans Fahrnberger, war übrigens auch ein kühner Wilderer. Von ihm erzählte mir der „alte Sperl" eine sonderbare Geschichte. Nach dem Ersten Weltkrieg war sein Schwiegervater Alois Fahrnberger angeschwärzt im Gesicht als Wildschütz in der Nähe von Windischgarsten unterwegs. Bei seiner verbotenen Jagd wurde er von zwei Jägern, einem Jäger aus der Gegend und seinem Jagdgast, gestellt. Der Jagdgast soll hocherfreut gewesen sein, endlich einmal einen echten, noch dazu im Gesicht geschwärzten Wildschützen zu sehen. Vor Freude habe er sich auf die Schenkel geklopft. Zu seiner Überraschung erfuhr der Wildschütz später, dass dieser Jagdgast der letzte König von Sachsen gewesen ist. Den Wilderer, einen armen Bergbauernsohn, ließen die beiden schließlich laufen.

Der Bruder dieses vom König von Sachsen ertappten Wilderers war Hans Fahrnberger, der sich auf einen Kampf mit Jägern und Gendarmen eingelassen hat.

Zu dem Kampf am 28. Oktober 1923 war es gekommen, weil einige Wildschützen im Gebiet der Moaralm – die Sennerin und das Vieh waren schon im Tal – übermütig durch die Gegend schossen. Wahrscheinlich wollten sie den verhassten Jäger Vinzenz Hobel herausfordern. Von diesem Jäger, einem großen Gegner der Wilderer, wird erzählt, dass er so um 1922 anonym eine Postkarte erhalten habe, auf der stand, für ihn sei „die Kugel schon gegossen".

Als nun Vinzenz Hobel die Schüsse hörte, machte er sich mit Kollegen und Gendarmen auf zur Moaralm, um den Wilderern ein für alle Mal das Handwerk zu legen. Während die Jäger im Anmarsch waren, so schilderte mir der „alte Sperl", versteckten sich die Wilderer in einem Jungwald unmittelbar bei dem Steig, auf dem jene sich ihnen näherten. Voran marschierte Vinzenz Hobel. Als dieser eine Bewegung im Wald sah, schoss er sofort. Er traf dabei den Sperl Hans derart unglücklich, dass dieser an der Wirbelsäule schwer verletzt wurde. Darauf sprang einer der anderen Wilderer auf – seinen Namen kennt man nicht – und tötete mit einem Schuss den Jäger. Nun folgte ein großes Durcheinander. Der Sperl Hans schrie immerfort um Hilfe. Der Schmerz muss furchtbar gewesen sein. Um ungefähr drei Uhr in der Früh des 29. Oktober 1923 fiel ein Schuss und die Hilferufe verstummten. Der Schuss auf den Sperl Hans war aus ganz kurzer Distanz in den Kopf abgegeben worden. Man nimmt an, dass es ein Wilderer war, der aus Mitleid seinen Kumpane getötet hatte. Niemand weiß, wer von den Wilderern diesen tödlichen Schuss abgefeuert hatte. Die Wilderer verschwanden. Am nächsten Tag brachte der Wurbauer auf Wunsch der Jäger auf einem Ochsenkarren die beiden Toten nach Windischgarsten zum Friedhof. Friedlich lagen die beiden Gegner nebeneinander auf dem Karren.

Obwohl man zunächst meinte, der Sperl Hans habe sich selbst erschossen, wurde ihm dann ebenso wie dem Jäger doch noch ein christliches Begräbnis gewährt.

Für den Jäger:

†

Christl. Andenken
an Herrn
Vinzenz Hobel
Hellmuth-Hessischer Jäger
in Rettenbach

der am 29. Oktober 1923 um 7 Uhr abends im 34. Lebensjahre durch Mörderhand aus seinem treuer Pflichterfüllung geweihten Leben gerissen wurde.

Mein Jesus Barmherzigkeit.

Für den Wilderer:

†

Christl. Andenken
an Herrn
Joh. Fahrnberger
welcher am 29. Oktober 1923 plötzlich aus dem Leben gerissen wurde.

Die edle Jägerleidenschaft
Trieb mich auf Bergeshöhn,
Zu meinen lieben Gemselein
So frei, so stolz, so schön.
Der Tag neigt sich, ich kehrt zurück
Und fand den Weg versperrt,
Erschossen armen Schützen mich,
Ist doch die Welt verkehrt.
Betrachtet doch, Mensch ist doch Mensch,
Warum schoß man mich tot,
Waffengewalt wurd' angewandt
Nur zur Zeit der Kriegsnot.
Es gibt einen gerechten Richter noch,
Der Herrgott weiß es schon,
Das Gute wiegt das Böse auf,
Der Himmel wird mein Lohn.

Die ganze Geschichte liegt bis heute im Dunkeln. Die Bevölkerung soll damals jedenfalls eher hinter den Wildschützen gestanden sein als hinter den Jägern.

Beide, der tote Jäger und der tote Wildschütz, waren im Tod vereint auf dem Ochsenkarren, der sie zu Tal brachte. Vereint wurden auch ihre beiden Totenbilder veröffentlicht (in Prossinag 1999). Auf dem Totenbild des Hans Fahrnberger, vulgo Sperl Hans, heißt es:

„Die edle Jägerleidenschaft
trieb mich auf Bergeshöhn,
zu meinen lieben Gämselein,
so frei, so stolz, so schön.
Der Tag neigt' sich, ich kehrt' zurück
und fand den Weg versperrt,
erschossen armen Schützen mich,

ist doch die Welt verkehrt.
Betrachtet doch, Mensch ist doch Mensch,
warum schoss man mich tot,
Waffengewalt wurd' angewandt
nur zur Zeit der Kriegesnot.
Es gibt einen gerechten Richter noch,
der Herrgott weiß es schon,
das Gute wiegt das Böse auf,
der Himmel wird mein Lohn."

Dieses Gedicht zum Andenken an den unglücklichen Wildschützen Sperl Hans, das vielleicht einer seiner Freunde geschrieben haben mag, ist eine Anklage gegen jene Jäger, die voll des Hasses gegenüber Wildschützen – meist einfachen Bauernburschen – sind und nicht vor einem Mord an einem solchen zurückschrecken.

Der Sperl Hans war ein fescher Bursch. Seine ganze Familie, die Fahrnberger am Sperlgut, macht einen stolzen und auch ansehnlichen Eindruck, wie das Bild auf S. 140 zeigt. Links steht Hans Fahrnberger, neben ihm in der hinteren Reihe sind seine beiden Brüder zu sehen. Alle drei waren Wilderer. In ihren dunklen Anzügen – Tracht hatten sie keine – erinnern sie geradezu an noble Mitglieder der Mafia.

In Erinnerung an den Sperl Hans, auch: Hans Fahrnberger, werden hier nun „Sperls Wildererkrapfen" angeboten, und zwar zur Jause.

Zur Jause nahmen sich Wildschützen gerne Bauernkrapfen mit, die Bäuerinnen und sicherlich auch Sennerinnen zu den Sonn- und Feiertagen gerne gebacken haben. Sonn- und Feiertage wurden von manchen Wilderern für die Jagd bevorzugt, da sie meinten, dann würden die Jäger eher zu Hause bei Weib und Kind sein als im Wald. In einem Buch gegen das Treiben der Wilderer aus dem Jahre 1936, verfasst von dem Gendarmeriebeamten Fuchs

Familie Fahrnberger 1923. Links stehend: Hans Fahrnberger

– einem glühenden Gegner der Wildschützen –, werden die Jäger jedoch darauf aufmerksam gemacht, dass die Wildschützen mit Vorliebe an Sonntagen wildern würden. Man solle daher an diesen Tagen sehr Acht geben.

Ich sprach mit einigen alten Wildschützen darüber. Fast alle meinten, sie würden gerade am Sonntag nicht wildern, denn dieser sei besonders gefährlich. An diesem Tag seien die Jäger nämlich erst recht hinter ihnen her.

Jedenfalls waren die Wildschützen froh, wenn sie Bauernkrapfen in ihrem Rucksack hatten. Aber auch für alle anderen Leute der alten bäuerlichen Kultur, ob Bauer, Bäuerin, Magd oder Knecht, war es eine Freude, Bauernkrapfen zu essen.

Das Spezielle an den nun folgenden Wildererkrapfen ist, dass sie etwas Schnaps und Rum enthalten, aber auch Rosinen, die an Schrotkugeln oder echte Patronen erinnern mögen.

Sperls Wildererkrapfen

1/2 kg griffiges Mehl
1 Würferl Germ
1/4 l Milch
4 Dotter
50 g Zucker
80 g Butter
1 Tl Salz
etwas Schnaps und Rum
Rosinen
Schmalz (Öl)

Germ zerbröseln, mit einer Prise Zucker in etwas lauwarmer Milch auflösen. 2 bis 3 El Mehl dazugeben. Verrühren und Mehl darüber streuen. Zugedeckt reifen lassen. Die Butter in der restlichen Milch zerlassen. Den Zucker darin auflösen. Sobald das Dampfl reif ist (Sprünge zeigt), mit Milch, Dotter, Salz, ein bisserl Schnaps und ein bisserl Rum sowie mit dem restlichen Mehl zu einem glatten Teig verarbeiten, der nicht zu fest sein darf. An einem warmen Ort zugedeckt eine knappe halbe Stunde gehen lassen. Mit einem Esslöffel Stücke aus dem Teig stechen. Diese zu runden Laibchen formen und auf einem Backbrett nochmals zugedeckt gehen lassen. Jedes Teigstück mit den Fingern in der Mitte so weit dehnen, dass ein stärkerer, wulstförmiger Außenrand und eine teigarme, dünne Mitte entstehen. In heißes Fett legen und goldbraun backen. Gut abtropfen lassen und mit Staubzucker bestreuen.

Nach dem Essen und Jausnen: Schnaps und Likör

Haben Wildschützen, Sennerinnen und anderes verwegenes Volk eine der hier angegebenen Speisen gegessen und dazu vielleicht Most getrunken oder haben sie unterwegs gejausnet, so tat ein Stamperl Schnaps oder ein besonderer Likör gut, bevor sie sich vom Tisch oder vom Baumstrunk, auf dem sie saßen, erhoben und sich weiter auf den Weg machten. Sehr beliebt waren der edle Zirbenschnaps und der sagenhafte Vogelbeerlikör.

1. Zirbenschnaps „Zirbm"

Angesetzt wird der Zirbenschnaps mit der Zirbe, der Zirbelkiefer. Die Zirbe ist faszinierend, sie ist die höchststeigende Baumart der Alpen. Bis in die Höhe von 2000 Metern ist sie zu finden. Die Zirbe behält ihre Nadeln das ganze Jahr über, sie wächst unter widrigsten Umständen, auf steinigem Boden und bei rauem Klima. Man spricht sogar davon, dass das Holz umso weicher und edler werde, je steiniger der Boden sei. Ähnlich wird der Mensch edel, wenn er durch Schwierigkeiten gehen muss. Daher lässt sich die Zirbe wohl auch als Symbol für Wildschütz und Sennerin sehen. Dem Zirbenschnaps wird Heilkraft zugeschrieben, sein Duft wirkt reinigend und kräftigend. Das ist wichtig für den Wildschützen, der noch schnell ein Stamperl Zirbenschnaps trinkt, bevor er der Gams nachstellt.

Zirbenschnaps „Zirbm"

Der Zirbenschnaps ist ein so genannter „angesetzter" Schnaps. Grundlage dafür ist ein möglichst geschmacksneutraler Ansatzschnaps, meist ein Korn von etwa 32 %.

3/4 l Ansatzschnaps, Korn 32 %
2–3 Zirbenzapfen
1–2 El Zucker oder Honig

Die Zirbe ist ein in vielen Regionen geschützter Baum, und es ist dort streng verboten, Teile der Pflanze, also auch Zapfen, mitzunehmen. Bevor Sie also planen, einen Zirbenschnaps anzusetzen, erkundigen Sie sich, ob in der ins Auge gefassten Gegend das Sammeln von Zapfen überhaupt erlaubt ist! Für den Schnaps müssen die Zapfen noch grün sein und die Kerne unreif. Manchmal picken Vögel an solchen Zapfen herum, sodass diese zu Boden fallen und Wanderer das Glück haben, welche zu finden.

Die Zapfen werden der Länge nach in etwa 1/2 cm dicke Scheiben geschnitten. In ein weithalsiges Glas werden sodann der Zucker oder Honig, die Zapfen und der Schnaps gefüllt, und dieses wird verschlossen und etwa 6 Wochen in die Sonne gestellt. Das Glas immer wieder einmal vorsichtig schütteln. Während dieser Zeit färbt sich der Schnaps purpurrot und nimmt die Geschmacksstoffe der Zirbe auf. Danach wird der Schnaps durch ein Sieb, in das man ein reines Baumwolltuch gelegt hat, abgeseiht und in Flaschen gefüllt.

Hat man Honig zum Süßen verwendet, kann es sein, dass der Schnaps trüb wird, auf alle Fälle aber bilden sich Schwebstoffe, die sich am Flaschenboden ablagern. Ist der Zirbenschnaps für den persönlichen Geschmack zu wenig süß, kann mit in Wasser aufgekochtem Zucker nachgesüßt werden, allerdings muss der Schnaps dann noch einmal etwa zwei Monate lagern.

Wird ein angesetzter Zirbenschnaps destilliert, wird er glasklar, hochprozentig und behält seinen Geschmack. Man bezeichnet ihn dann meist als Zirbengeist, der sich aber von dem handelsüblichen unterscheidet.

2. Vogelbeerlikör

Dieser Likör basiert auf Vogelbeeren, den scharlachroten Früchten der Eberesche, die auch Vogelbeerbaum genannt wird. Diese Vogelbeeren sind von saurem, herbem Geschmack. Sie enthalten reichlich Vitamin C und sind daher sehr gesund, vor allem beugen sie dadurch Skorbut vor. Heilkraft besitzen Vogelbeeren angeblich auch bei Verdauungsbeschwerden und als harntreibendes Mittel, wodurch die Beschwerden bei Rheuma und Gicht gelindert werden. Ebenso soll bei Heiserkeit ein Tee aus Vogelbeeren helfen.

Gesammelt werden die reifen Früchte im Herbst. Vögel schätzen die Früchte dieser Baumart so sehr, dass ihnen das oft zum Verhängnis wurde. Der Mensch benutzte nämlich die Früchte als Lockmittel für den Vogelfang. Dieser Eigenschaft als bestes Vogellockmittel verdankt die Eberesche auch ihren zweiten Namen: Vogelbeerbaum.

60 Vogelarten machen sich über die Früchte her. Auch Eichhörnchen und andere Säugetiere mögen die Beeren und sorgen für natürliche Verbreitung. Der Mensch sollte die rohen Früchte meiden, denn sie schmecken unangenehm bitter bis sauer. Im Gegensatz zur Volksmeinung sind sie aber nur schwach giftig.

Die Eberesche spielte eine große Rolle in der germanischen Mythologie. Sie war dem Donnergott Donar geweiht.

Der sagenhafte Weltenbaum der Germanen hieß Yggdrasil. Man spricht von ihm als der Weltenesche. Ob dieser Baum tatsächlich eine Esche ist, ist umstritten. Es gibt guten Grund anzunehmen, dass Yggdrasil eigentlich eine Eberesche ist. Denn nach der Edda, der Sammlung germanischer Heldensagen, wächst dieser Weltenbaum in Thule. Dieses sagenhafte Thule ist wahrscheinlich entweder Island oder Grönland, wo es tatsächlich eine Stadt mit diesem Namen gibt. Da aber weder in Island noch in Grönland – wegen des kurzen Sommers und des langen Winters – Eschen wachsen, könnte Yggdrasil eine Eberesche sein. Und Ebereschen, also Vogelbeeren, gibt es auf Island. Der Name Eberesche leitet sich davon ab, dass ihre gefiederten Blätter denen der Esche ähnlich sind. Und die roten Früchte der Eberesche erinnern an den Samen der Eibe. Daraus entstand „Eibenesche“ und schließlich „Eberesche“.

Der Vogelbeerbaum, die Eberesche, ist vielleicht noch zäher als die Esche. Immer wieder kommen belaubte Zweige zum Vorschein, selbst dann, wenn sich Schnee und Eis darüber gewälzt haben. Auch in Island.

Für die keltischen Druiden war die Eberesche wichtig, denn sie stellten aus deren Holz ihre Zauberstäbe her. Die Schönheit und Grazie der Eberesche hat die keltischen Priester übrigens inspiriert, sie zum Baum des Lebens zu machen.

Nach einer Bauernregel sind in den Jahren, in denen der Vogelbeerbaum viele Früchte trägt, eine gute Getreideernte und ein strenger Winter zu erwarten. Um sich vor Drachen, Hexen und Blitzen zu schützen, hängte man ihre Zweige vor die Fenster, über Haus- und Stalltüren und sicherlich vor Almtüren.

Mancher Wildschütz wird wohl so ein Vogelbeerbaumzweigerl bei sich getragen haben, um sich vor bösen Geistern im Gebirge und vor allem vor dem Jäger zu schützen.

Vogelbeerlikör

Obstler oder Korn
Vogelbeeren
Zucker
Wasser

Nach den ersten Herbstfrösten Vogelbeeren (Ebereschen) sammeln, waschen, von den Stielen zupfen und ein weithalsiges Glas etwa bis zur Hälfte damit füllen. Obstler oder Korn darüber gießen, bis das Glas voll ist, verschließen und etwa 6–8 Wochen in die Sonne stellen, immer wieder einmal vorsichtig schütteln. Die Beeren verlieren ihre Farbe. Nach dieser Zeit den Schnaps durch ein Sieb, in das man ein Baumwolltuch gelegt hat, abseihen. Pro Liter Flüssigkeit 1/4 kg Zucker mit wenig Wasser aufkochen, erkalten lassen und mit dem Schnaps mischen. Ist der Likör für den persönlichen Geschmack zu wenig süß, weiter Zuckerwasser zugießen. Wieder etwa zwei Monate stehen lassen, in Flaschen füllen und dunkel aufbewahren.

Unterhaltung nach dem Essen

Nach dem Essen – gleichgültig ob bescheiden oder nobel – saßen Wildschützen, Sennerinnen, Wanderer, Radfahrer und anderes ehrbares Volk beisammen. Einige rauchten eine Pfeife und einige tranken ein Stamperl Schnaps. Dann sprach man über vergangene Zeiten. Man sprach über die Ehrbarkeit der Wildschützen, beklagte Jagdopfer, ärgerte sich über Raubwilderer und meinte, die alten Wildschützen wären eigentlich die wahren Waidmänner gewesen. Darüber möchte ich nun noch unserer lieben Eva Bodingbauer und den geneigten, von einem Wildereressen satten Lesern etwas erzählen:

1. Die Waidgerechtigkeit geht auf die echten Wildschützen zurück

Die Waidgerechtigkeit – die jagdliche Anständigkeit und das faire Verhalten dem Tier gegenüber – hat in der legalen Jägerschaft keine lange Tradition. Das Wort Waidgerechtigkeit wird das erste Mal Ende des 19. Jahrhunderts von dem österreichischen Jagdschriftsteller Ernst von Dombrowski verwendet.

Die früheren kaiserlichen und aristokratischen Jäger gingen höchst grausam mit dem Wild um. Kaiser Maximilian ließ das Wild durch Hunde hetzen. Auch Kaiser Franz Joseph bevorzugte bis etwa 1870 in seinem Leibgehege die Hetzjagd mit Hunden auf Hirsche. Der Jagderfolg der noblen Herren wurde durch die Stückzahl des erlegten Wildes bemessen.

Es waren die echten Wildschützen aus der bäuerlichen Welt, die mit dem Einzelabschuss im Verborgenen zufrieden waren. Sie achteten genau darauf, dass das Wild im Feuer fiel, es also sofort erlegt wurde. Der Einzelabschuss hat bei den Wildschützen – aus begreiflichen Gründen – eine lange Tradition.

Dieser noble einzelne Abschuss wurde von Erzherzog Johann übernommen, der somit als der Begründer der neuzeitlichen Jagdethik gilt. Es spricht einiges dafür, dass er als ein Freund der Gebirgsbauern von den Wildschützen gelernt hat.

Auch Märchen, Wildererabenteuer und andere Geschichten erzählte man sich früher, als es noch keinen Fernseher gab, gerne nach dem Essen oder nach der Jause. Eine solche Geschichte möchte ich der freundlichen Eva Bodingbauer und all jenen erzählen, die Freude an den Bergen haben. Es ist eine geheimnisvolle Geschichte, die mit schneidigen Burschen und schönen Mädchen zu tun hat. Sie erinnert aber auch an alte Zeiten politischer Wirren, an Armut und an Glück.

2. Das Märchenland Operenzia: das Land der schönen Mädchen und tollkühnen Burschen

Meine ersten Freunde in den oberösterreichischen Bergen in den Jahren nach dem letzten Krieg waren Buben aus Ungarn. Sie waren mir höchst sympathische Spielgefährten. Es umgab sie ein eigentümlicher Zauber, denn sie waren nicht irgendwelche Kinder. Sie waren die Söhne der noblen Wächter des Goldschatzes der ungarischen Nationalbank, der in den letzten Kriegstagen im Mai 1945 nach Spital am Pyhrn in das Gebirge gebracht worden war. Im Stift wurde der Schatz aufbewahrt. Mit diesem Schatz waren auch ungarische Husaren mit ihren Pferden gekommen. Sie sollen noch weiter täglich exerziert haben, obwohl der Krieg bereits zu Ende war. Die Amerikaner, die als Besatzer kamen, werden überrascht gewesen sein, als sie die stolzen Ungarn noch voll bewaffnet sahen, ehe sie diese zur Übergabe aufforderten. Die meisten der ungarischen Pferde erwarben die Bauern des Dorfes. Diese Pferde,

Spital am Pyhrn

sie waren Militärpferde, sollen bei den täglichen bäuerlichen Arbeiten zwischendurch irgendwelche Kapriolen, die sie für militärische Zwecke gelernt hatten, vollführt haben. Den Schatz übernahmen später die Amerikaner und brachten ihn in die USA, von wo er irgendwann einmal den Ungarn zurückerstattet wurde.

Die mit dem Schatz nach Spital am Pyhrn gekommenen Ungarn wanderten nach einigen Jahren nach England, Kanada oder sonst wohin aus. Somit verlor ich meine ersten Freunde. Von einem dieser Freunde – Lazi Milotay, der heute in England lebt – erhalte ich hier und da einen Brief. Auch ich schreibe ihm. Und manchmal kommt Lazi auf Besuch zu uns ins Gebirge.

Die Ungarn, die damals in Spital am Pyhrn gewesen waren, sprechen heute noch mit Hochachtung von den Oberösterreichern. Sie seien hier wie Freunde empfangen worden und man hätte ihnen sehr geholfen. Einige erzählen auch, sie würden sich gerne daran erinnern, dass verwegene Wildschützen ihnen hier und da ein Reh oder eine Gams schenkten, wovon sie sich jeweils einen prachtvollen Braten brieten.

Sie hätten sich also hier im Gebirge wohl gefühlt. Gerne seien sie auf die Almen gegangen, wo sie bei großmütigen Sennerinnen Milch und Käse aßen. Sie seien sich vorgekommen wie im Märchenland, das im Ungarischen Operenzia heißt.

Erst später bin ich dahinter gekommen, was es mit diesem Operenzia auf sich hat. Darüber möchte ich noch etwas erzählen. Mein Freund und Wandergefährte Elmar Oberegger, mit dem ich bei einem unserer Spaziergänge über dieses geheimnisvolle Operenzia sprach, schrieb mir einmal, viele ungarische Märchen würden so anfangen: „Und als sich in der windschiefen Hütte kein einziger Kreuzer, kein noch so winziges Stückchen Brot mehr finden ließ, brach der jüngste Sohn des armen Bauern auf, um sein Glück in der weiten Welt auf die Probe zu stellen. Er wanderte sieben Tage und sieben Nächte hindurch, bis er die Zuckerhut-Berge an der Grenze des Landes Operenzia erblickte. Er dankte Gott, fasste Mut und beschleunigte die Schritte seiner müde gewordenen Stiefel."

Es ist also der jüngste Sohn, der Kleinste und Ärmste von allen, der tapfer das Schicksal herausfordert. Sein Ziel ist das sagenumwobene Land Operenzia. Bei den Zuckerhut-Bergen erwartet ihn das Glück. So oder ähnlich müssen sich die ungarischen Flüchtlinge vorgekommen sein, als sie 1945 in unsere Berge kamen. In den ungarischen Märchen heißt es, dieses Operenzia sei wunderschön. Der Waldboden wäre mit moosgrünem Samt und mit Seide bedeckt; die Bäume wüchsen buchstäblich in den Himmel. In ihrem kühlen Schatten fände man Pilze, die groß wie ein Bauernhut wären.

Und über die Mädchen ist zu lesen: „Die Mädchen sind allesamt wunderschön: Ihr langes blondes Haar glänzt so betörend wie der über den silbrigen Wiesen schwebende Marienfaden des Altweibersommers; ihre lachenden Augen spiegeln das verträumte Blau der im Schatten verborgenen Veilchen wider; ihre Lippen sind so rot und duftig wie die süßesten Kirschen der ersten Junitage. Sie sind zwar stolz und gebärden sich als unnahbar, haben aber dennoch die erstaunliche Fähigkeit, sich in der Kürze eines Stoßgebetes unsterblich in einen Fremden zu verlieben."

Ich kann mir vorstellen, dass es solche Mädchen sind, die den Wildschützen Unterschlupf gewähren und ihnen Prächtiges – wie es hier in diesem Kochbuch von Eva Bodingbauer vorgestellt wird – kredenzen.

Der sehr sympathische ungarische Schriftsteller Stephan Vajda beschreibt in wunderschönen Worten dieses Operenzia weiter so: „Ein Märchenland, wahrhaftig. Ein einzigartiges, im doppelten Sinne. Weil es tatsächlich existiert. Weil hier die kollektive Phantasie eines vielgeprüften, nach Europa verschlagenen asiatischen Volkes eine topographische Realität zum Fabelreich der Hoffnung, zum verheißungsvollen Zwischenbereich der Sehnsucht erhoben hatte. Es ist eine Landschaft des trostreichen Unwirklichen und dennoch erreichbar."

Auch über die Berge, in denen verwegene Wildschützen unterwegs waren, schreibt der Ungar mit Begeisterung: „Man müsse aber in Operenzia teuflisch achtgeben, daß die Pferde an den Sternen nicht stolpern oder daß sie keinen Stern vom Himmel lostreten. Hat der ungarische Husar unterwegs Durst, wringt er einfach die nächstbeste Wolke aus, denn die Wolken schwirren einem um den Kopf nur so herum, daß man sie oft mit dem Säbel zerschneiden muß, um den schmalen Pfad zwischen den furchterregenden Felsen aus glitzerndem Glas finden zu können."

Tollkühne Leute müssen demnach in Operenzia leben. Der Autor hat Recht. Über diese Leute schrieb ich oben einiges. Aber wo liegt dieses Operenzia mit den hohen Bergen und den schönen Mädchen, zu denen sich Wildschützen gesellt haben mögen:

Das Märchenland Operenzia ist nicht allzu schwer zu finden. Es liegt gleich hinter den Zuckerhut-Bergen, deren erster Traunstein heißt, im klaren, beglückenden Licht eines ewig heiteren Himmels. Man kann hinfahren.

„Operenzia" ist nichts anderes als die leicht verdrehte ungarische Form von „Ob der Enns"; es ist das frühere Erzherzogtum und Kronland „Österreich ob der Enns", das heutige Oberösterreich.

Und dieses Oberösterreich, aus dem die Ungarn das Märchenland Operenzia machten, hat eine spannende Geschichte, zu der schöne Sennerinnen gehören, aber auch tollkühne Burschen, die in den Bauernkriegen für ihre Rechte kämpften und als Wildschützen der Gams auf den höchsten Gipfeln nachstellten.

Fielen den Burschen und Mädchen keine Geschichten mehr ein, so begannen sie nach dem Essen Gstanzln, also kurze vierzeilige Lieder, und auch gewisse Alm- und Wildschützenlieder zu singen, die sie wiederum zu neuen Erzählungen anregten. Und manchmal erzählte ein altgedienter Wildschütz Geschichten, die er einmal in irgendwelchen gescheiten Büchern gelesen hatte. Besonders spannend war es, über folgendes Thema zu sprechen:

3. Die Erotik der Sennerin

In einem alten Gstanzl, das die Wildschützen gerne sangen und das ich oben schon einmal erwähnt habe, heißt es:

„Was braucht denn der Schütz?
Er braucht nix
als a schwarzaugats Madl
und a Abschrauberbüchs."

Sennerin aus dem Totengebirge.

Demnach benötigte der Wildschütz ein Gewehr zum Zerlegen, um es besser transportieren zu können, und eine schöne Frau, die ihn liebte und die bereit war, sich für ihn einzusetzen. Meist waren es Sennerinnen – wie wir beim Kapitel über das Sennerinnenmenü schon gesehen haben –, die die Wildschützen begehrten und auf die sie sich auch verlassen konnten.

Jeder echte Rebell, aber auch jeder Bandit benötigt eine Frau, die ihm bei seinen Aktionen hilft und ihn vor seinen Verfolgern schützt. So war es bei den Wildschützen und so war es bei den süditalienischen Banditen, die ebenso Kinder der armen Leute waren.

Ein Spruch der kalabrischen Mafia ist in dieser Richtung zu verstehen: Ein Mann – als Rebell oder Bandit – braucht zwei Dinge: Amuri i donna e cori di briganti. Also die Liebe einer Frau und das Herz des Briganten (des Wegelagerers und Abenteurers).

Ein mutiges Herz hatten auch die Bauernburschen im Gebirge: Sie stiegen auf hohe Berge und erfreuten sich an der Liebe einer schönen Sennerin. Die Sennerinnen waren fleißige, hart arbeitende und mutige Frauen, die sich oben auf der Alm um das Vieh zu kümmern hatten. Oft kehrten Holzknechte, Wildschützen und andere verwegene Bauernburschen bei ihnen ein. Nicht selten dürften sich – so erzählt man – Sennerinnen in Wildschützen verliebt haben. Diesen boten sie nicht nur Milch an, sondern mitunter auch ein erquickliches Nachtlager.

Der Begriff Erotik hat einen eigenen Reiz. Er hat mit Freiheit zu tun, daher passt er zur Sennerin. Wie schon erwähnt, hieß es: Auf der Alm gibt es keinen Hahn und keinen Hund. Hahn und Hund waren Symbole der sozialen Kontrolle auf dem Bauernhof. Von dieser Kontrolle durch den Bauern war die Sennerin befreit. Daher liebten es die Mägde, während der Sommermonate vom Hof wegzukommen und auf der Alm zu arbeiten, auch wenn es hart war. Auf der Alm war Platz für heitere Lebenslust und Erotik, eben weil die Sennerin frei war, Almfeste den Rhythmus der Arbeit unterbrachen und Wildschützen bisweilen Unterstand und Versteck fanden.

Wenn hier von der Erotik der Sennerin gesprochen wird, so ist damit nicht bloß Liebe und Sexualität gemeint, sondern mehr.

Zur Erotik gehört vieles: Witz, Charme, Heiterkeit, gehauchte und feste Küsse, lustvolles Agieren, verwegene Kleidung, ein Lüften der Schürze, ein gemütliches Nachtlager, zweideutige Gespräche, das Andeuten von zu Erwartendem, Hingabe in vielerlei Hinsicht, Anbieten von Schutz und einiges mehr. Die Freiheit auf der Alm bot diese Art Erotik an, die die Magd am Bauernhof nicht in dieser Form genießen konnte und durfte.

Es ist interessant, dass sich das Wort Erotik vom griechischen Gott Eros ableitet, dem Gott der Liebe und der Fröhlichkeit. Nach alten griechischen Göttersagen ist der Gott Eros ein uneheliches

Kind der griechischen Göttin der Liebe, Aphrodite, die eigentlich mit Hephaistos, dem Gott der Schmiede, verheiratet war, diesen aber mit Ares, dem griechischen Kriegsgott, betrog. Aus dieser verbotenen Liaison entstand Eros, der also ein Kind der Liebe und des Krieges ist.

Der Gott Eros ist ein höchst kühner und windiger junger Herr, der Burschen und Mädchen – hier die Wildschützen und die Sennerinnen – einander näher bringt. Es ist nicht nur die Liebe, die das Verhältnis des Liebespaares bestimmt, sondern dazu gehören auch Wagemut und Schlauheit. Die braucht gerade der Wildschütz, wenn er sich der Hütte der Sennerin nähert.

Übrigens bezeichnen die alten Bauern den Dienstag als Irtag oder Eritag. In diesem Wort steckt der griechische Kriegsgott Ares, denn der Dienstag ist diesem Kriegsgott, dem Vater des Eros, geweiht. Genauso leitet sich Dienstag von Thiu, dem germanischen Kriegsgott, ab. Das Wort Irtag der Bauern erinnert also an den griechischen Kriegsgott, der durch die Goten im 6. Jahrhundert zu uns kam. Wie die Lieder und Geschichten zeigen, ist die Beziehung zwischen Wildschützen und Sennerinnen bisweilen eine höchst erotische, zumal die Sennerin den Burschen, den sie liebt, vor dem Jäger verstecken muss und ihn nicht verraten darf. Das hat mit Krieg zu tun – allerdings mit einer feinen Abart davon –, aber vor allem mit Rebellion. Und die Wildschützen waren Rebellen gegen die zumeist adeligen Jagdherren, die die Bauern nicht zur Jagd zulassen wollten.

Überall dort, wo Bauern unterdrückt werden, entsteht so etwas wie Rebellen- und Banditentum. Burschen aus der bäuerlichen Welt erheben sich gegen ihre Unterdrücker. Dies zeigt sich heute am Beispiel von Mexiko, wo sich Bauernburschen als Zapatisten gegen eine korrupte Regierung auflehnen. Und früher gab es in Süditalien Briganten, also Wegelagerer, die gegen eine reiche, ausbeuterische Schicht vorgingen und diese beraubten.

Ähnlich war es bei uns, als junge Bauernburschen – unterstützt und versteckt von den Sennerinnen – in früheren Jahrzehnten zu Wilderern wurden, um dem adeligen Jagdherrn das Wild wegzuschießen. Wildschützen sowie Sennerinnen genossen weitab der Bauernhöfe ein Leben der Freiheit und Verwegenheit. Beide waren gute Bergsteiger und kannten die Natur mit ihren Schönheiten und Tücken.

Wildschütz und Sennerin jodelten gerne. Dieses Jodeln oder Juchazen war typisch für das Leben auf der Alm. Es war eine Art „Frühform des Handys“, das den Sinn hatte, sich über weite Strecken zu verständigen bzw. Informationen weiterzugeben. Es wird erzählt, dass sich Wildschützen bei der Sennerin in einer bestimmten Weise durch Jodeln ankündigten. Und Sennerinnen jodelten, wenn sich ein Jäger in der Almhütte aufhielt. So wusste der Wildschütz, dass er woanders zukehren musste.

Als es noch echte Almen gab – heute ist vorwiegend das Jungvieh auf der Alm – wurden vor allem die Milchkühe hinaufgebracht, um die Bauersleute und das Gesinde während der Sommermonate zu entlasten. Gerade im Sommer war am Bauernhof viel zu tun, denn die Heu- und Getreideernte mussten eingebracht werden. Die Aufgabe der Sennerin war es, sich um das Vieh zu kümmern. Sie hatte es nicht leicht so alleine auf der Alm. Sie musste früh aufstehen, das Vieh melken, Butter rühren, das haltbare Butterschmalz, das wöchentlich abgeholt wurde, herstellen, Käse machen, und schließlich hatte sie darauf zu achten, dass das Vieh sich nicht verlief. Auf manchen Almen, dort, wo keine Quelle in der Nähe der Almhütte war, musste das Wasser mit Kübeln herbeigeholt werden. Die Sennerin hatte also viel zu tun.

Bevor man die Butter in eigenen Fassln rührte, wurde diese in länglichen Holzbehältern durch Stoßen mit einem etwas dickeren Stock hergestellt. Auf der Alm wurde also gebuttert – ein Wort von harmloser Erotik. Die Alm- oder Schwoaggeher, wie man die jungen Bauernburschen auch nannte, boten der Sennerin Abwechslung. Sie versprachen sich bei der jungen, feschen Sennerin ein Liebesabenteuer und suchten sie nur zu gerne auf. Hier und da trafen sich die Sennerinnen mit den Burschen bei Almfesten in einer der Hütten, bei denen es mitunter hoch herging.

Da man die Sennerin mit einem freien Leben verband, hielt man sie – teilweise zu Recht – für eine besonders erotische Person, die Liebesabenteuern mit kühnen Burschen nicht abgeneigt war. Zu diesen Alm- oder Schwoaggehern gehörte vor allem der Wildschütz. Darauf, dass manche Sennerin derartige Liebeleien genoss, verweist auch eine Erzählung des Wanderers Schultes aus dem Jahre 1802. Darin ist es ein Holzknecht und wohl auch Wildschütz, der mit Freuden von einer Sennerin empfangen wird. Der Wanderer Schultes schildert in seinem Buch „Ausflüge nach dem Schneeberge" das Liebesleben auf der Alm in sehr freundlichen, keineswegs obszönen Worten. Er beendet seine Schilderung mit einem Ausdruck des englischen Hosenbandordens: „Schlecht ist, der schlecht denkt" (honni soit qui mal y pense). Schultes berichtet heiter und liebenswürdig über seine Übernachtung auf einer Almhütte, auf der es hoch herging. Man feierte ein Almfest. „Es wurde in der Alpenhütte fortgeschwätzt, bis männigliche und weibigliche die Zunge nicht mehr heben konnten und alles schlafen gieng in die benachbarten Hütten. Die Sennerin unserer Hütte (wir lagen in einem Verschlag derselben) blieb allein bey uns und wachte beym Feuer. Kaum waren wir eingeschlafen, als ungefähr in der zweiten Stunde nach Mitternacht ein rüstiger Bursche, ein Holzknecht, mit Steigeisen an den Beinen und einem mächtigen Griespeile hereintrat und durch die Gewalt seiner Tritte uns weckte. Wir stutzten anfangs über diesen Besuch, als wir aber gar sahen, dass er nicht uns, sondern unserer Hausjungfer galt, waren wir beruhigt, und wir wären wieder eingeschlafen, wenn nicht Scenen, die kein Dichter üppiger und derber mahlen kann und die wir unglücklicher Weise durch die offen stehenden Fugen unseres Verschlages sehen mussten, uns hätten ein Auge schließen lassen. Wenn ein Dichter mir solche Scenen erzählt, so ekeln sie mich an; wenn ein Wüstling mir davon spricht, so empört er mich: und hier konnte ich sie sehen und der Kraft mich wundern, die noch in des Mannes Lenden ist. Diaboli virtus in lumbis est (des Teufels Macht ist in den Lenden), sagte St. Hieronymus; der war noch nicht einmal auf einer Alpenhütte. Bedenkt man noch, dass dieser Heraklide fünf Stunden weit des Nachts von einer anderen Alpe herstieg, nachdem er den ganzen Tag vorher Bäume gefällt hat! Und die Nixe war auch nicht müßig geblieben den Tag über: sie hatte 16 Kühe zu melken und zu warten. Wenn die Menschenrace einst ganz ausgeartet seyn wird und ausgemergelt in den Städten, so mögen wir uns damit trösten, dass sie sich auf den Alpen verjüngt. Ich habe ähnliche Orgyen oft gesehen auf den Alpen von Schneeberge bey Wien bis zum Untersberge: sie scheinen allgemeine Sitte zu seyn unter diesen Nomadinnen, und ich glaube, noch darf man von ihnen sagen: honni soit qui mal y pense."

Schönes über das Leben der Holzknechte, die freilich auch Wildschützen waren, und der Sennerinnen wusste auch der gescheite Wandersmann Carl Julius Weber aus der Zeit um 1840 zu erzählen. Er machte sich dabei auch seine Gedanken über das „Fuegen" (das geschlechtliche Verkehren) sowie das „Fensterln". „In diesen Alpen wohnen ächte Heracliden, die man herabholen sollte in die Ebenen und Städte, um frisches Blut und Kraft zu gießen in die Schwächlinge, wie einst die Germanen in die verweichlichten Römer … In allen Alpen geht das Fuegen (vielleicht vom italienischen ficare?) oder Fensterln (die Probenächte) seinen Gang, und glücklicher Weise leidet die Moralität darunter nicht im geringsten – Bue und Diendel, welche die Ehrengeistlichkeit nicht bemühen wollen, bleiben sich treu, und im Bund zwischen solchen Kindern der Natur braucht es auch keiner Formalitäten … Wenn die Diendl in Dienst tritt, macht sie es nicht selten zur Bedingung, dass ihr Hanserl kommen dürfe, so oft er wolle, und der Dienstherr ernährt die Kinder, die er bald gebrauchen kann. Heirathen können die Leutchen nicht … und so muß man sie lassen. Das Votum des geradsinnigen Alten hat über alle obrigkeitlichen Verbote gesiegt: der Großvater und Vater haben gefueget, ich habe gefueget, mein Sohn und seine Nachkommen mögen auch fuegen. Recht so! Alter!"

Der wackere Wandersmann Weber war offensichtlich angetan von der Freiheit, mit der man auf den Almen mit sexueller Lust und Begierde (Cupido) umging und sich entgegenludelte, also jodelte: „… Auf den Alpen leben Hirten und Hirtinnen in freier Bergluft, bei nahrhafter Milch und Käse – kein Wunder! wenn Cupido sein loses Spiel treibt, zumal in der Einsamkeit der Geist der Unabhängigkeit genährt, und das Gemüth zwar gestählt wird, aber auch derber und rauher macht. Man strafte ehemals hart die Fleischessünden, und was war die Folge? Diese sonst unverdorbenen, aber auf niederer Kulturstufe stehenden Menschen geriethen à l'Italiano – hinter die Ziegen! Ist es da nicht besser hinter die Schwoagerin oder Sennerin zu geraten, die sich müde ludelt, bis der Bue entgegen ludelt? …"

Stiller Witz klingt aus diesem Lied, das Weber dazu bringt:

„Und Abends, wenn sachte die glatten Küh,
zum Stalle sich wenden und läuten,
dann kommen nach Tageslast und Müh,
die lustigen Buben von weitem;
sie kommen, grüßen und bleiben steh'n,
und fragen: darf ich ins Hüttlein geh'n?"

Demnach war die Sennerin erfreut, wenn ein Holzknecht oder Wildschütz bei ihr Rast machte und auf ein gemütliches Lager hoffte.

Und noch etwas beschreibt Weber – etwas, das gut zu diesem Buch über Kochen und den oben dargebotenen Köstlichkeiten passt: „… Wenn man brav zu Fuße geht, verdaut man leicht den Schmalzkoch und die in Fett schwimmenden Knödel, die mit Recht Holzknecht-Nokerl heißen. Für einen Gulden hat man in diesen Alpen, was in der Schweiz einen Federnthaler auch wohl zwei kostet, und wer Schnittlauch hasset wie ich, wird sich selbst bei Wolfshunger schwerlich ‚Knödel dick fressen'. Aber die Alpen-Butter und das kräftige Schwarzbrod wünsche ich mir alle Tage."

Carl Julius Weber, der Autor dieser Zeilen, schreibt übrigens noch etwas Interessantes über die steirischen Kellnerinnen, die ihm besonders bei seiner Fahrt durch das Alpenland imponiert haben dürften: „… Wer sich noch am ehesten sehen lassen darf, sind die steirischen Kellnerinnen … Von dem Grundsatz der Griechen, dass man einen schönen Busen mit der hohlen Hand müsse bedecken können, haben sie natürlich nie etwas gehört – hier braucht man die beiden Brazzen des Hercules …"

Sehr wohl übte der Gott Eros auf der Alm sein lockeres Spiel mit Sennerin und Wildschütz. Nicht nur Eros war ein Kind aus einer unehelichen Verbindung, auch die Kinder der Sennerinnen waren meist von unehelichem Geblüt. Ich weiß von einer Wirtin in Spital am Pyhrn, dass sie das uneheliche Kind einer Sennerin ist, die in der Nähe der Wurzeralm eine Alm bewirtschaftet hatte. Diese Sennerin dürfte im Herbst von einem Wildschützen geschwängert worden sein. In hochschwangerem Zustand – es war inzwischen Frühsommer – bat sie ihre Schwester, sich auf der Alm um das Vieh zu kümmern. Sie wolle hinunter ins Tal gehen, um dort am Bauernhof ihrer Eltern – sie war die Tochter eines Bauern beim Gleinkersee – das Kind zu gebären. Allerdings kam sie nicht so weit. Auf einem Steig blieb sie liegen, die Geburt setzte ein. Ein Holzknecht kam mit einem Buben zufällig vorbei. Er sah die Frau und entband sie. Den Buben bat er um einen Taschenfeitel. Damit schnitt er die Nabelschnur durch. Als der Holzknecht dem Buben den Taschenfeitel zurückgeben wollte, soll dieser gemeint haben: „Jetzt graust mir davor." Und er weigerte sich, diesen wieder anzunehmen. Dann begleiteten beide die Frau und das Kind zum Bauernhof der Eltern der jungen Mutter. Anscheinend dürfte der Mann seine Hilfeleistung bestens durchgeführt haben, denn die Sennerin war nach ein paar Tagen wieder wohlauf und konnte zur Alm zurückwandern. Diese Geschichte – sie spielte in der Zeit nach dem Ersten Weltkrieg – zeigt, dass sich Sennerinnen und wildernde Bauernburschen erotisch zugetan waren und ähnlich wie Aphrodite und Ares Eltern unehelicher Kinder wurden.

Auf die enge Beziehung zwischen ihnen weisen die Zeilen eines Liedes hin, in dem – ganz im Stil des oben angeführten Spruches der kalabrischen Banditen, wonach der echte Brigant die Liebe einer Frau braucht – die Sennerin als Kumpanin des Wildschützen gepriesen wird: Die Sennerin freut sich, dass der schneidige Wildschütz mit der erlegten Gams bei ihr zukehrt. Und der Wildschütz genießt das lustvolle Nachtlager an ihrer Seite. Vorher gibt sie ihm noch ein gutes Almessen, damit er bei Kräften bleibt. Das Lied beginnt mit der Freude der Sennerin, als sie den Schuss des Wildschützen hört. Nun weiß sie, er kehrt bald bei ihr zu. Allerdings erkennt sie ihn nicht gleich, weil er vom Schuss – der Bursche schoss wahrscheinlich mit einem Vorderlader – schwarz im Gesicht ist. Und seine Hände sind vom Ausweiden der Gams voll Blut. Aber sie erkennt ihn an seinem Hut und freut sich:

„Die Senn'rin steht herfür
vor ihra Hüttntür,
sie hat an Juhschrei tan
hinauf zu mir.
Und wia's hat g'hört mein Schuss,
war ihr des koa Verdruss.
Hat denkt, 's kehrt gewiss mei Bua
bei mir heut zua.

Sie siaht mi's Gamserl tragn,
und traut sie do nit z' fragen:
I war vom Schiaßn schwarz;
die Händ warn voller Bluat;
sie hat mi schier net kennt,
als grad am Huat.
Und wia s' den Huat hat kennt,
so is glei zuwa g'rennt."

Nachdem die Sennerin ihn erkannt hat, nimmt sie den Wildschützen bei der Hand und hilft ihm, die Gams zu tragen, denn sie weiß ein gutes Versteck. Dabei lädt sie ihn ein, bis in der Früh bei ihr zu bleiben:

„Und führt mi bei der Hand
glei nach der Wand
und nimmt ma's Gamserl weg:
I hab a guats Versteck.
Derfst di net sorgn, mei Bua,
bis morgn in der Fruah."

Dann gehen die beiden in die Hütte, die edle Sennerin serviert ihrem Wildschützen einen Brei und ein „Rahmmus". Wahrscheinlich ist das eine Rahmsuppe, denn der Hunger des Burschen ist groß:

„Aft san ma alle zwoa,
i und mei Schatz a,
in d' Hüttn ganga nein,
han kost' ihrn Brein.
Sie kocht a Rahmmuas gschwind,
so gschwind als wia da Wind,
denn dass i Hunger han,
dös kennt s' ma an."

Nach dem Essen rasten Wildschütz und Sennerin auf deren Bettstatt, wie zu erfahren ist. Die Zeit vergeht den beiden schnell:

„Aft san ma Hand in Hand
so gsessen beianand,
und wia ma gössn ham,
bleim mir no lang beisamm;
is uns die Zeit vaganga
gar nit langsam gnua …"

Doch als der Morgen dämmert, muss der Wildschütz mit der Gams ins Tal. Wahrscheinlich will er schnell weg von der Almhütte, um nicht dem Jäger in die Quere zu kommen. Die Sennerin jedoch möchte ihn noch etwas bei sich haben, begleitet ihn ein Stück und zeigt ihm den Weg, auf dem er schnell absteigen kann von der Alm. Sie ruft ihm noch ein „Behüt' dich Gott" nach und bittet ihn aus vollem Herzen, bald wieder zu kommen:

„Und wie's grawlt hat,
verlass ma Liegerstatt
und i pack's Gamserl gschwind,
so gschwind als wia da Wind.
Lass dir nur Zeit, mei Bua,
sagt Sennerin, es is no fruah,
das Gamserl is net schwa,
kannst laafen a …
Die Sennerin gibt ma's Gleit,
hat mir aufs Wegerl deut:
hiatzt b'füat di Gott, mei Bua
und kehr bald wieda zua."

Der Wildschütz braucht also die Sennerin. Sie gewährt ihm Unterstand, bereitet ihm etwas zu essen und schenkt ihm auch noch ihr Herz.

Ähnliches wird in einem anderen Lied gezeigt, in dem der Wildschütz eine Sennerin liebt, die ihm wunderschön erscheint. Er bittet sie um Proviant. Er weiß aber auch, dass er sich schnell zu verziehen hat. Vielleicht ist ihm der Jäger auf der Spur:

„Wer steht da drobn am Almerspitz?
Dort steht ein junger Wildpratschütz!
Was steht dort oben am Almerroan?
Dort steht ein Hütterl ganz alloan.
Wer wohnt dort in der Hüttn drin?
Eine wunderschöne Sennerin.
Grüß dich Gott, grüß dich Gott, liebe Sennerin,
du liegst mir am Herzen,
du liegst mir im Sinn,
du liegst mir am Herzen,
du liegst mir im Sinn.
Geh gib mir a Milch, a Butter, an Kas,
i muss glei weiterreisen, weiterreisen,
i muss glei wieder weitergehn."

Die Ruhelosigkeit des Wildschützen und die Liebe der Sennerin bestimmen durch die Jahrhunderte das Leben auf den Almen unter den Felsenbergen. Der Wildschütz weiß, dass er es ohne Sennerin sehr schwer hat. Er liebt sie daher auch, genauso wie sie ihn, denn sein Mut, so zeigen es zumindest die Lieder, fasziniert die Sennerin in der Einsamkeit der Alm. All das hat mit Erotik zu tun, zu der der schneidige Bursch, der die Gefahr der Berge herausfordert, ebenso gehört wie die verwegene Sennerin. Sie bietet ihm ihr Herz an und teilt ihre Bettstatt mit ihm.

Die Liebe der Sennerin zeigt sich schließlich in der leiblichen Versorgung des Wildschützen mit Milch und Käse und in der guten Mahlzeit, zu der der Wildschütz mit einem prächtigen Wildbret beizutragen vermag.

Das Wilderermuseum beim Gasthof Steyrbrücke in St. Pankraz

Im Wilderermuseum zu St. Pankraz ist die alte Geschichte der Wildschützen und Sennerinnen trefflich dargestellt. Dieses Wilderermuseum erfreute auch den Doyen der österreichischen Journalisten Günther Nenning.

Er schreibt zu dem Museum, in dem Eva Bodingbauer, der mit einem freundlichen Handkuss zu danken ist, Wunderschönes geschaffen hat, und über meine bescheidene Person etwas, das mich sehr ehrt: „Girtler ist ein Typ, wie er braven Wissenschaftlern verdächtig ist. Er steht historisch zu den Wilderern, auf Seiten der armen Leute, die sich illegal Zubrot verschaffen. Und er ist begeistert von Volkskultur, Volkskunst, Volksliedern, die mit den Wilderern verknüpft sind. Und tatsächlich, wenn man das Wilderermuseum reich belehrt verlässt, hat man das Gefühl der Sympathie und Trauer. Welche Schätze der Schönheit aus dem Volk sind verloren gegangen!"

Eine beachtliche Dokumentation über dieses Museum hat der „Amateur" Heinz Zotter aus St. Pankraz gefilmt. Heinz Zotter ist hoch zu loben, da er mit Franz Kettenhummer und zwei feschen Damen, Gabi und Maria, auch einen schönen Wildererfilm mit dem Titel „Freiwild" gedreht hat. Ihm und den Mitwirkenden ist mit diesem Film etwas Prachtvolles gelungen. Als echte Amateure – Amateur kommt vom lateinischen Wort „amare" und das heißt „lieben" – haben sie Erfreuliches geschaffen.

Das Schöne an dem Film, der im Wilderergasthaus präsentiert wurde, ist, dass er sich augenzwinkernd und voll des Witzes mit dem Thema des Wildschützen auseinander setzt. Übrigens fällt an dem Film auf, dass der Wildschütz gerne bei der Sennerin ist. Bevor die beiden in der Kammer verschwinden, essen sie noch gemeinsam einen Erdäpfelschmarren, wie er oben beschrieben wurde.

Zutrunk zum Abschluss

Auf das Wohlsein der alten waidmännischen Wildschützen und ehrsamen Sennerinnen erheben wir,
Eva Bodingbauer und *Roland Girtler*,
je ein Glas Zirbenschnaps.

„An einem Sonntagmorgen"

Wir empfehlen nun das oberösterreichische Wildschützenlied, in dem auch vom Erlegen und Ausweiden einer Gams erzählt wird, zu singen (entweder alleine oder in Gesellschaft):

„An einem Sonntagmorgen
recht zeitig in der Fruah,
nimmt der Wildschütz sein Stutzerl
und geht dem Gamsgebirg zua.
Er woaß ja die Weg so schön,
wo die schen' Gamserl stehn,
drin im Gebirg.

Und a Gamsal hat er g'schossen,
hoch droben auf der Hoad,
jetzt will er's auswoaden,
ziagt's Messer aus der Schoad.
Der Jaga hat eahm lang zuag'schaut,
hat si net zuwi traut, bis dass er schlaft.
Und der Wildschütz hat g'schlafen,
dann hat er si traut,
er nimmt dem Wildschütz sei Stutzerl,
hat sakrisch zuag'haut.

Der Wildschütz springt auf vom Schlaf,
stürzt über'n Fels in a G'sträuch.

Und den Jaga druckt's G'wissen
und dem Wildschütz sein Bluat,
und jetzt möcht er gern wissen,
was der Wildschütz drunt tuat:
Aber Jaga, liabsta Jaga mein,
bind ma meine Wund'n ein
und still mir's Bluat.

Und der Jaga bind eahm d'Wund'n ein
und stillt eahms Bluat:
Aber jetzt muasst mit mir gehn,
ins Salzkammerguat!

Bevor i mit an Jaga geh',
lass i mei Leib und Seel
und mei jungs Bluat
fürs Salzkammerguat!"

Literatur

Arthur Achleitner, Im grünen Rock – Erzählungen aus dem Jägerleben, Berlin 1915

Ferdinand von Andrian, Die Altausseer, Wien 1905

Susanne Bunzel, la cucina casalinga, München 1995

Ludwig Fuchs, Die Bekämpfung der Wilddiebe, Wien 1936

Roland Girtler, Wilderer – Rebellen der Berge, Wien 1999

Roland Girtler, Echte Bauern – vom Zauber einer alten Kultur, Wien 2002

Roland Girtler, Kühne und rebellische Gesellen: Jäger und Wilderer im Ennstal (erscheint demnächst), 2004

Helmuth Haenchen (Hg.), Menü – Das große moderne Kochlexikon, 10 Bände, Buchgemeinschaft Donauland

Eve Marie Helm, Feld-, Wald- und Wiesenkochbuch, Kochbuchverlag Heimeran, München 1978

A. Hugos Jagd-Zeitung, Hg. Adolph Künast, Jg. 1882, Jg. 1902 und Jg. 1903

Peter Janisch, Gehst mir aufs Leben, Schütz?, Bd. 1 u. 2, Traunkirchen 1980

Friedrich Kluge, Etymologisches Wörterbuch der deutschen Sprache, Berlin 1960

Heinz Dieter Pohl, Die Sprache der Kärntner Küche – Jezik koroske kuhinje. Ein Lexikon mit Ausblicken auf die österreichische und internationale Küche. Studia Carinthiaca, Band XXV, Klagenfurt 2004.

Katharina Prato (Edle von Schweiger), Die Süddeutsche Küche, Graz und Wien 1929

Hermann Prosinagg, Die neue Tradition in der Jagd, in: Auf den Spuren der Jagd, Schriftenreihe des Steiermärkischen Landesmuseums Joanneum, Nr. 5, Stainz 1993

Karl Reiterer, Ennstalerisch, Graz 1913

Karl Reiterer, Jagd- und Wildererbilder, in: Waidmannsheil, 1924
Peter Rosegger, Der Wildschütz, in: Die Älpler, S. 299 ff., Leipzig 1902
Peter Rosegger, Jakob der Letzte, Leipzig o. J.
J. A. Schultes, Ausflüge nach dem Schneeberge in Unterösterreich, Wien 1802
Stephan Vajda, Das Märchenland der Ungarn Operenzia, in: Merian, Oberösterreich an Traun und Enns, 11/XXV (1972), S. 13 ff.
C. J. Weber, Briefe eines in Deutschland reisenden Deutschen, Hallberg'sche Verlagsbuchhandlung, Stuttgart 1849

Abbildungsnachweis

Die Abbildungen der Speisen stammen von Ewald Breitwieser, alle übrigen Fotos aus dem Privatarchiv des Autors

Roland Girtler im LIT Verlag

Roland Girtler
Feine Leute
Aristokraten und Bürger, Geistliche und Gauner, Künstler und Stars
Der Aristokrat fällt uns ein, wenn wir an „feine Leute“ denken. Gewisse Gesellschaftsschichten und Berufsgruppen sind der Inbegriff der „feinen Leute“.
Doch auch anderswo gibt es sie. Der Mensch ist ein Wesen, das nach Beifall strebt: ein „animal ambitioson“. Selbst manche Kleinganoven und Obdachlosen geben sich aristokratisch, um wertvoller zu erscheinen.
Auf vielfältige Weise versucht man die Noblesse herauszustellen. Durch teure Accessoires, besondere Kleidung, Formen des Benehmens, durch sprachliche Distinguiertheit, um nur Einiges zu nennen.
Mit heiterer Ironie öffnet uns Girtler die Augen für die feine Welt“.
2016, 469 S., 34,80 €, br., ISBN-AT 978-3-643-50704-4

Roland Girtler
Die Landler in Rumänien
Eine untergegangene deutschsprachige Kultur
2.Aufl. 2015, 224 S., 24,90 €, br., ISBN-AT 978-3-643-50695-5

Roland Girtler
Max Weber in Wien
Sein Disput mit Joseph Schumpeter im Café Landtmann; das alte Institut für Soziologie: Paul Neurath, René König und seine übrigen Bewohner nebst dazugehöriger Geschichten über Trinkrituale, Duelle und Ganoven
2013, 80 S., 9,80 €, br., ISBN-AT 978-3-643-50473-9

Roland Girtler
Kulturanthropologie
Eine Einführung
2006, 312 S., 12,90 €, br., ISBN 3-8258-9576-9

Roland Girtler
Abenteuer Grenze
Von Schmugglern und Schmugglerinnen, Ritualen und „heiligen“ Räumen
2006, 448 S., 14,90 €, br., ISBN 3-8258-9575-0

Roland Girtler
Vom Fahrrad aus
Kulturwissenschaftliche Gedanken und Betrachtungen
2. Aufl. 2011, 248 S., 12,90 €, br., ISBN 978-3-8258-7826-9

Roland Girtler
10 Gebote der Feldforschung
2. Aufl. 2009, 128 S., 7,90 €, br., ISBN-DE 978-3-8258-7700-2, ISBN-AT 978-3-7000-0940-5

Roland Girtler
Der Strich
Soziologie eines Milieus
6. Aufl. 2013, 328 S., 16,90 €, br., ISBN 978-3-8258-7699-9